기적의
말하기
영단어
1000

기적의
말하기 영단어 1000

초판　　**1쇄 발행**　2019년 2월 12일
　　　　　27쇄 발행　2023년 3월 3일
개정판　**2쇄 발행**　2024년 4월 2일

지은이 이시원
펴낸곳 (주)에스제이더블유인터내셔널
펴낸이 양홍걸 이시원

홈페이지 www.siwonschool.com
주소 서울시 영등포구 영신로 166 시원스쿨
교재 구입 문의 02)2014-8151
고객센터 02)6409-0878

ISBN 979-11-6150-796-5
Number 1-030101-23232606-09

**20일 만에 네이티브와
수다 떨 수 있는**

기적의
말하기
영단어
1000

S 시원스쿨닷컴

머리말

우리는 학창시절 내내 영어 공부를 하느라 많은 노력을 합니다.
온갖 시험과 평가를 치르며 학창 시절을 보냈죠.
그런데 우리가 지금까지 하던 방식으로 10년 넘게 영어공부
열심히 해서, 영어 말하기 잘하는 사람이 얼마나 될까요?

저도 처음 캐나다에 갔을 때
당연히 영어 말하기에 큰 어려움을 느꼈습니다.
정말 영어를 잘하고 싶었고, 그 마음 하나로
저만의 영어공부 방법을 만들어 공부하기 시작했습니다.
결국 6개월 만에 영어를 자유자재로 말하는 제 모습을 보고
많은 분이 영어를 가르쳐 달라고 요청하기 시작했죠.

시원스쿨의 영어 공부법은 영어를 잘하고자 하는
저의 일념으로부터 시작했습니다.
정말 말을 잘하기 위해서는
자주 쓰는 단어와 표현을 알아야 합니다.
실제로 영어로 말할 때 자주 쓰는 영어 단어들로
책을 만들자는 생각으로
<기적의 말하기 영단어 1000>을 집필하게 되었습니다.

<기적의 말하기 영단어 1000>은
수천 개가 넘는 영어 단어를 외웠음에도
영어 말문이 트이지 않은 왕초보들을 돕기 위해 쓴 책입니다.
이 책에 제가 해외 생활에서 치열하게 공부하고 익힌
생생한 단어와 표현들을 엄선하여 담았습니다.

영어 왕초보라도 <기적의 말하기 영단어 1000>과 함께
열심히 공부한다면 20일 후에는 원어민과 즐겁게
이야기 나눌 수 있을 것이라 굳게 확신합니다.

저자 **이시원**

이 책의 구성과 특징

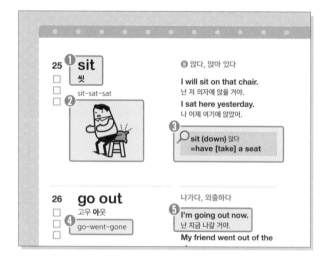

25 **① sit**
쎗
□
□
□ **②** sit-sat-sat

③ 앉다, 앉아 있다

I will sit on that chair.
난 저 의자에 앉을 거야.
I sat here yesterday.
나 어제 여기에 앉았어.

③ sit (down) 앉다
=have [take] a seat

26 **go out**
고우 아웃
□
□ **④** go-went-gone
□

나가다, 외출하다
⑤ I'm going out now.
난 지금 나갈 거야.
My friend went out of the

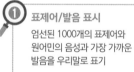

① 표제어/발음 표시
엄선된 1000개의 표제어와
원어민의 음성과 가장 가까운
발음을 우리말로 표기

② 삽화
단어의 의미를 쉽게 이해하고
흥미를 느낄 수 있도록 삽화
요소 첨가

③ 파생어
유의어, 반의어, 파생어,
뉘앙스들을 함께 나열하여
풍부한 학습이 가능

④ 동사변화
말할 때 반드시 알아야 하는
동사들의 시제변화를 표기

⑤ 예문/표현
각 표제어를 사용한 중요 표현과 예문들로 효과적인 학습 가능

| Daily Quiz |

DAY 01

●1초 마스터 다음 단어와 그에 알맞은 뜻을 연결해 보세요.

⑥

1. speak • • a. 알다

2. know • • b. 말하다

3. go in • • c. 찾아보다

●5초 마스터 빈칸에 알맞은 단어를 선택하세요.

⑦

| leave | looking for | carry | manufacture | drop |

6. _____ your paper here.
   네 서류를 여기에 놔.

7. Are you _____ something?
   뭔가를 찾고 있니?

8. _____ my bag, please.

⑥ 1초 마스터
학습한 단어와 그에 알맞은
의미를 연결하는 문항을 통해
1초 안에 효과적인 복습 가능

⑦ 5초 마스터
문장의 빈칸에 들어갈
단어들을 고르는 형식으로
5초 안에 단어와 표현의 의미
파악 가능

온라인 제공 프리미엄 부록

1

영단어 강의(무료 버전, 유료 버전)

각 Day 시작 페이지에서 강의 QR을 통해 해당 도서의 유료 강의인 '기적의 영단어'를 미리 확인할 수 있습니다.

추가 학습이 필요하시면 유료 강의를 구매하셔서 학습하시면 좋습니다. 이시원 선생님의 꿀팁도 함께 얻어가실 수 있어 학습 효율이 극대화됩니다.

2

일상생활 핵심 문장 200
트레이닝 & 워크시트

일상생활에서 매일 쓰는 핵심 문장 200개를 선정하였습니다. 이것만 확실하게 내 것으로 만들면 영어 말하기에 자신감이 생길 거예요! 초보자분들을 위해 영어 발음을 한글로 표기해두었고, 속도도 조금씩 빠르게 연습해 보는 것을 추천합니다. 워크시트도 함께 제공하니 이를 활용해서 200문장을 꼭 가져가세요.
시원스쿨 공식 유튜브 채널에서 확인할 수 있습니다.

시원스쿨 공식
유튜브 채널 바로가기

3

주간고사

한 주 공부가 끝나고 주간고사를 통해 나의 실력을 확인해 보세요. Day 5씩마다 1개의 주간고사로 구성되어 총 4개의 주간고사가 제공됩니다. 주간고사까지 열심히 공부하신다면 20일 후에는 원어민과 즐겁게 이야기 나눌 수 있을 것입니다.

4

원어민 MP3

실생활에서 진짜 필요한 1000개 단어와 예문들을 원어민 mp3를 통해 발음을 들으며 학습하세요.
듣기와 말하기에 모두 도움이 되어 원어민과 자신 있는 소통이 가능해집니다. 각 Day 시작 페이지에서 MP3 QR을 확인할 수 있습니다.

5

기본 동사 변화표 100

영어회화에서 많이 쓰이는 기본 동사 100개의 현재, 과거, 과거분사형을 익혀 보세요.

목차

" 원어민들이 일상적으로 쓰는
단어와 표현으로 말하자! "

DAY

01

DAY 01 MP3 파일

DAY 01 강의

01 talk

□□□

턱-ㅋ

talk-talked-talked

⑧ 말하다, 이야기하다

Talk to me. 나에게 말해.
I want to talk to him.
난 그에게 말하고 싶어.

🔍 **talk to**
~에게 말하다

---

02 say

□□□

쎄이

say-said-said

⑧ 말하다

He said something to me.
그가 뭔가를 나에게 말했다.

Don't say goodbye.
안녕이라고 말하지 마.

---

03 speak

□□□

스**피**-ㅋ

speak-spoke-spoken

⑧ 말하다, 이야기하다

He spoke in English.
그가 영어로 말했다.

He spoke to me.
그가 나에게 말했다.

🔍 **speak to**
~에게 말하다

---

04 tell

□□□

텔

tell-told-told

⑧ 말하다, 알리다

Tell me everything.
나에게 모든 것을 말해.

He told me it was good.
그가 나에게 그것이 좋다고 말했다.

🔍 **tell A B**
A에게 B를 말하다

일상생활

05 **give**
기ㅂ

give-gave-given

⑧ 주다, 건네 주다

Give me money.
나에게 돈을 줘.

Give me a minute.
나에게 1분만 줘.

🔍 **give A B**
A에게 B를 주다

06 **hand**
핸ㄷ

hand-handed-handed

⑧ 건네 주다, 넘겨주다
⑲ 손, 도움

* 직접 건네 주는 의미의 '주다'

Hand me that cup.
나에게 저 컵을 건네 줘.

He handed me his book.
그가 나에게 자신의 책을 건네
주었다.

07 **get**
겟

get-got-got

⑧ 갖다 주다

* 가서 가지고 오는 의미의 '주다'

Get the book for me.
그 책을 나에게 갖다 줘.

Can you get me the bill?
저에게 계산서를 갖다 주시겠어요?

08 **live**
리ㅂ

live-lived-lived

⑧ 살다, 거주하다

I live here. 나 여기 살아.
Do you live here?
너 여기 살아?

09 know

노우

know-knew-known

동 알다, 알게 되다

I know this. 나 이거 알아.
Do you know this?
너 이거 알아?

---

10 make

메익

make-made-made

동 만들다

Make me coffee.
나에게 커피를 끓여줘.
Make dinner for me.
나 저녁 차려줘.

---

11 manufacture

매뉴**쀀**춰ㄹ

manufacture-
manufactured-
manufactured

동 제조하다, 만들어 내다

They manufacture this.
그들이 이것을 제조해.
Do they manufacture it?
그들이 그것을 제조해?

---

12 understand each other

언더ㄹ**스탠**ㄷ 이취 아더ㄹ

understand-understood-
understood

생각이 통하다, 마음이 통하다

We understand each other.
우리는 통해.
We understood each other very well.
우리는 아주 잘 통했어.

일
상
생
활

13 **listen**
□
□ 리쓴
□ listen-listened-listened

동 듣다, 귀 기울이다

Listen and repeat.
듣고 따라하세요.
I listened carefully to her.
나는 그녀의 말을 주의해서 들었다.

14 **hear**
□
□ **히**어ㄹ
□ hear-heard-heard

동 듣다, 들리다

I heard you. 나 네 말 들었어.
Did you hear that?
너 저 소리 들었어?

🔍 **hear**
(들리는 소리를) 듣다, 들리다
listen
(귀 기울여) 듣다, 주의하여 듣다

15 **carry**
□
□ **캐**뤼
□ carry-carried-carried

동 들고 다니다, 나르다

Can you carry this?
이것 좀 들어줄래?
Carry my bag, please.
제 가방을 들어주세요.

🔍 **carry** 들고 있다, 나르다
lift 밑에서 위로 들어 올리다
hold 들다, 잡고 있다

16 **throw away**
□
□ **뜨로**우 어**웨**이
□ throw-threw-thrown

버리다

Throw this away.
이거 내다버려.
Don't throw away trash.
쓰레기를 버리지 마.

17 leave

리-ㅂ

leave-left-left

동 놓다, 그대로 두다

Leave your paper here.
네 서류를 여기에 놔.

I left my key on the desk.
내 열쇠를 책상에 놔뒀어.

---

18 go in

고우 인

go-went-gone

(안으로) 들어가다

Everybody went in.
모든 사람이 들어갔다.

I didn't go in.
난 들어가지 않았어.

---

19 appear

어**피**어ㄹ

appear-appeared-
appeared

동 나타나다

He appeared. 그가 나타났다.
A star appeared.
별 하나가 나타났다.

 appear (나타나다) =
 show up

---

20 look for

룩 포ㄹ

look-looked-looked

~을 찾다, 구하다

* 발견하려고 찾아다니는 경우에
 사용

I looked for you.
널 찾아 다녔어.

**Are you looking for
something?**
뭔가를 찾고 있니?

일상생활

21 find
☐
☐ 파인드
☐
find-found-found

🔵 찾다, 찾아내다

* 뭔가를 발견하는 행위에 사용

I will find you.
내가 널 찾아낼 거야.

I found him in the school.
내가 그를 학교에서 찾아냈어.

22 seek
☐
☐ 씨익
☐
seek-sought-sought

🔵 찾다, 추구하다

* 발견하기 위해 '찾다, 추구하다'
의 의미로 쓰임

I don't seek money.
나는 돈을 추구하지 않아.

I'm seeking a friend.
나는 친구를 찾고 있다.

23 look up
☐
☐ 루껍
☐
look-looked-looked

찾다, 찾아보다

* 정보 등을 검색한다는 의미로
주로 쓰임

I looked it up on the Internet.
내가 인터넷에서 찾아봤다.

I will look it up.
내가 그걸 찾아볼게.

24 search
☐
☐ 써ㄹ취
☐
search-searched-searched

🔵 찾아보다, 뒤져보다
🔵 찾기, 수색

I am searching for my love.
나는 내 사랑을 찾는 중이야.

🔍 **search for**
(~을 찾아보다) = **look for**

25 sit
☐
☐ 씰
☐ sit-sat-sat

⑧ 앉다, 앉아 있다

I will sit on that chair.
난 저 의자에 앉을 거야.

I sat here yesterday.
나 어제 여기에 앉았어.

🔍 **sit (down)** 앉다
= **have [take] a seat**

26 go out
☐
☐ 고우 아웃
☐ go-went-gone

나가다, 외출하다

I'm going out now.
난 지금 나갈 거야.

My friend went out of the class.
내 친구가 교실 밖으로 나갔어.

🔍 **get out (of)**
(~에서) 나가다, 떠나다

27 leave
☐
☐ 리-ㅂ
☐ leave-left-left

⑧ 떠나다, 출발하다

I left just now.
나 방금 나왔어.

They left an hour ago.
그 사람들은 한 시간 전에 떠났어.

🔍 **leave** (장소를) 나가다,
떠나다, 출발하다
step out (공간, 상황에서)
잠깐 나가다, 비켜서다

일상생활

28 buy
☐
☐ 바이
☐ buy-bought-bought

🔵 사다, 구입하다

He will buy me a bag.
그가 나에게 가방을 사줄 거야.
What did you buy? 너 뭘 샀어?

🔍 **buy A B** (A에게 B를 사주다)
= buy B for A

29 get
☐
☐ 겟
☐

🔵 얻다, 사다

I will get this. 나 이거 살 거야.
Did you get it?
너 그거 샀어?

🔍 **get A B** (A에게 B를 사주다)
= get B for A

30 read
☐
☐ 뤼-ㄷ
☐ read-read-read

🔵 읽다

Please read this.
이거 읽어줘.
What did you read?
너 뭘 읽었어?

31 read out loud
☐
☐ 뤼-ㄷ 아웃 라우드
☐

큰 소리로 읽다

Don't read it out loud.
그걸 큰 소리로 읽지 마.
Can you read that out loud?
저걸 큰 소리로 읽을 수 있어?

32 get up

게**럽**

□
□
□

일어나다, 일어서다

* '(잠자리에서) 일어나다, (자리에서) 일어서다'의 두 가지 의미로 모두 사용

I got up at eight.
나 여덟 시에 일어났어.

When did you get up?
너 언제 일어났어?

---

33 wake up

웨이**껍**

□
□
□

wake-woke-woken

깨어나다, 정신을 차리다

I woke up an hour ago.
나 한 시간 전에 일어났어.

Wake me up at seven.
나 일곱 시에 깨워줘.

🔍 **wake up**
(잠에서) 깨다, 깨어나다
get up
(잠자리에서) 일어나다

---

34 feel

필

□
□
□

feel-felt-felt

⑧ (~한 기분이) 들다, 느끼다

I felt some pain.
통증을 약간 느꼈어.

Did you feel anything?
뭐라도 느껴졌어?

🔍 **feel + 형용사**
~한 느낌[기분]이 나다

일상생활

---

35 **call**

□
컬
□
□ call-called-called

동 부르다, 칭하다
명 전화 (통화)

He called me John.
그는 나를 존이라고 불렀어.

She called me "Teacher".
그녀가 나를 '선생님'이라고
불렀어.

🔍 **call A B** A를 B라고 부르다
call out 큰 소리로 부르다

---

36 **use**

□
유즈
□
□ use-used-used

동 쓰다, 사용하다
명 사용, 용도

I have to use a computer.
나 컴퓨터를 사용해야 해.

What did you use?
넌 뭘 사용했어?

---

37 **send**

□
센ㄷ
□
□ send-sent-sent

동 보내다, 발송하다

**I will send you a
message.**
내가 너에게 메시지를 보낼게.

Did you send it to me?
너 그걸 나에게 보냈어?

🔍 **send A B** (A에게 B를
보내다) = **send B to A**

---

38 **take**

□
테익
□
□ take-took-taken

동 타다, 이용하다

Let's take the bus.
버스를 타자.

What do you want to take?
넌 뭘 타고 싶어?

---

39 ride

롸이드

ride-rode-ridden

동 타고 가다
명 타고 가기, 타기

* ride는 '운전하다'라는 의미로도 사용

I will ride the bus.
나는 버스를 타고 갈 거야.

She was riding her bike.
그녀는 자신의 오토바이를 몰고 있었다.

🔍 **Give me a ride!** (나 좀 태워줘!) = **Give me a lift!**

---

40 ask

애스ㅋ

ask-asked-asked

동 묻다, 물어보다

Ask him. 그에게 물어봐.

Don't ask me a question.
나에게 질문하지 마.

🔍 **ask[call] for**
~을 달라고 하다, 요청하다

---

41 inquire

인콰이어ㄹ

inquire-inquired-inquired

동 묻다, 문의하다

They inquired about it.
그들이 그것에 관해 문의했다.

I called to inquire about the process.
난 그 과정에 관해 문의하려고 전화했다.

🔍 **ask** 단순한 질문에 사용
inquire 의도가 있는 질문, 주로 서류 등 공식 문서에 사용

일상생활

---

42 **open**
오우픈

open-opened-opened

⑧ 열다, 열리다
⑧ 열려 있는

Open the door.
문 좀 열어 주세요.
**I couldn't open my
mouth.**
난 입을 벌릴 수 없었어.

🔍 **unlock** (열다)
↔ **lock** (잠그다)

---

43 **Hold on.**
홀드 언

hold-held-held

기다려, 멈춰.

Hold on! 멈춰!
Hold on a sec. 잠깐만 기다려.

🔍 **a sec** (잠시, 잠깐) =
a second

---

44 **appreciate**
어프뤼쉬에잇

appreciate-appreciated-
appreciated

⑧ 감사하다

I appreciate your help.
도와주셔서 감사합니다.
I would appreciate it.
그렇게 해 주시면 고맙겠습니다.

🔍 **thank A for B**
B에 대해 A에게 감사하다
appreciate
~에 대해 감사하다

45 **drop**
드랍

drop-dropped-dropped

동 떨어뜨리다, 떨어지다

I dropped my bag.
난 가방을 떨어뜨렸어.

Where did you drop it?
어디에 그것을 떨어뜨렸어?

46 **fall**
폴

fall-fell-fallen

동 떨어지다

My grades are falling.
내 성적이 떨어지고 있어.

He fell from the building.
그는 건물 아래로 떨어졌어.

47 **drip**
드립

drip-dripped-dripped

동 떨어지다, 흐르다

* 액체가 뚝뚝 흐르는 상태를 말할
때 사용

**The water is dripping
from there.**
물이 저기에서 떨어지고 있다.

48 **drop**
드랍

drop-dropped-dropped

동 (~로 가는 길에) 내려 주다,
내려놓다

Drop us there.
저기서 저희를 내려 주세요.

He dropped me here.
그가 저를 여기에 내려 줬어요.

drop someone at ~
~에서 …를 내려주다

일상생활

49 give ~ a ride
기버 **롸**이드

~를 태워 주다

Give me a ride to Busan.
부산까지 차로 날 태워 줘.

Can you give me a ride to my school?
우리 학교까지 날 차로 태워 줄래?

50 pick up
픽업

pick-picked-picked

차에 태우러 가다[오다]

I will pick you up.
내가 차로 데리러 갈게.

Pick me up at the airport.
공항으로 날 데리러 와 줘.

> **give A a ride**
> A를 차에 태워 주다
> **pick A up**
> A를 차로 데리러 가다

| Daily Quiz |

1초 마스터 다음 단어와 그에 알맞은 뜻을 연결해 보세요.

1. speak • • a. 알다

2. know • • b. 말하다

3. go in • • c. 찾아보다

4. search • • d. 문의하다

5. inquire • • e. 들어가다

5초 마스터 빈칸에 알맞은 단어를 선택하세요.

leave   looking for   carry   manufacture   drop

6. _____ your paper here.
   네 서류를 여기에 **놔**.

7. _____ my bag, please.
   제 가방을 **들어주세요**.

8. Are you _____ something?
   뭔가를 **찾고 있니**?

9. They _____ this.
   그들이 이것을 **제조해**.

10. _____ us there.
    저기서 저희를 **내려주세요**.

정답 1. b 2. a 3. e 4. c 5. d
6. Leave 7. Carry 8. looking for 9. manufacture 10. Drop

DAY

02

DAY 02 MP3 파일

DAY 02 강의

01 pop up
☐
☐ 파뻡
☐ pop-popped-popped

갑자기 나타나다, 튀어나오다

Many questions popped up.
많은 질문들이 튀어나왔다.

He popped up at the party.
그가 갑자기 파티에 나타났다.

02 make it
☐
☐ 메이깃
☐ make-made-made

해내다, 제때 도착하다

You can make it!
넌 해낼 수 있어!

We finally made it!
우리가 마침내 해냈어!

03 go to bed
☐
☐ 고우루 베ㄷ
☐ go-went-gone

자다, 취침하다

I went to bed at 7.
나 7시에 잤어.

When will you go to bed?
너 언제 잘 거야?

04 have a good sleep
☐
☐ 해버 굳 슬립
☐ have-had-had

푹 자다, 숙면하다

I didn't have a good sleep.
나 잠을 잘 못 잤어.

Did you have a good sleep?
너 잘 잤어?

🔍 **have a good[sound] sleep** (숙면하다)
= sleep well

일상생활

05 **sleep for**
□
슬립 폴
□
sleep-slept-slept
□

~ 동안 자다

I slept for 10 hours.
나 10시간 동안 잤어.

She didn't sleep for days.
그녀는 며칠 내내 잠을 못 잤어요.

06 **have trouble**
□ **with**
□
해브 트러블 윗
□

~에 문제가 있다

**Are you having trouble
with your phone?**
네 전화기에 문제 있어?

**I'm having trouble with
my digestion.**
소화가 잘 안 돼요.

07 **have**
□ **trouble -ing**
□
해브 트러블
□

~하는 데 문제[어려움]가 있다

**I'm having trouble
walking.**
나 걷는 데 문제가 있어.

**Are you having trouble
writing?**
쓰시는 데 어려움이 있나요?

08 **in a hurry**
□
인 어 **허뤼**
□
□

서둘러, 급히

I'm in a hurry. 나 급해.
Are you in a hurry?
너 지금 급해?

🔍 **in a hurry** (서둘러)
  = in a rush

09 **give ~ 20 percent off**

기 ㅂ **투애니** 펄센 어ㅍ

give-gave-given

20퍼센트 할인하다

The store will give you 20 percent off.
그 매장이 너에게 20퍼센트 할인해 줄 거야.

The store gave me 20 percent off on this.
그 매장이 이것에 대해 나에게 20퍼센트 할인해 줬어.

---

10 **turn bad**

턴 배ㄷ

turn-turned-turned

(음식이) 상하다

This milk turned bad.
이 우유 상했어.

It will turn bad easily.
그건 쉽게 상할 거야.

🔍 turn bad (상하다)
= go bad

---

11 **cut off**

커러-ㅍ

cut-cut-cut

자르다, 잘라 내다

You can cut it off.
그걸 잘라 주셔도 돼요.

The right side was cut off.
오른쪽 면이 잘렸어요.

---

12 **take off**

테이꺼-ㅍ

take-took-taken

떼어내다, 빼다

Take it off. 그거 좀 떼어내.

I will take this off for you.
내가 이거 떼어내 줄게.

일상생활

13 come off
☐ 커머-ㅍ
☐
☐ come-came-come

지우다, 제거할 수 있다

It comes off.
이거 지워지는 거야.

It doesn't come off.
이거 안 지워지는 거야.

---

14 put together
☐ 풋 투게덜
☐
☐ put-put-put

조립하다, 모아서 만들다

Can you put this together?
너 이거 조립할 수 있어?

We have to put them together.
우리가 그것들을 조립해야 해.

---

15 fall off
☐ 쀨러-ㅍ
☐
☐ fall-fell-fallen

떨어지다

Something fell off.
뭔가 떨어져 나왔어.

The handle fell off from the window.
그 창문에서 손잡이가 떨어져 나왔다.

---

16 fall apart
☐ 쀨러팔트
☐
☐

무너지다, 허물어지다

The building is falling apart.
그 건물이 허물어지고 있어요.

Our relationship is falling apart.
우리 관계가 무너지고 있어요.

17 **separate**

☐
☐
☐

세퍼뤼잇

separate-separated-
separated

A

B

동 나누다, 분리하다
형 분리된, 독립된

Separate this from that.
이것을 저것과 분리해.

**Separate Korean people
from other nationalities.**
한국 사람들을 다른 국적의
사람들과 분리하세요.

🔍 **separate A from B**
A를 B와 분리하다
separately 부 별개로, 따로

---

18 **distinguish**

☐
☐
☐

디스팅기쉬

distinguish-distinguished-
distinguished

통 구별하다

**Can you distinguish the
difference?**
너 그 차이점 구별할 수 있어?

**I can't distinguish
between them.**
난 그것들을 구별할 수 없어.

🔍 **distinguished** 형 유명한

---

19 **notice**

☐
☐
☐

노티스

notice-noticed-noticed

통 알아차리다, 의식하다

I didn't notice that.
난 그걸 알아차리지 못했어.

**I noticed that something
was different.**
뭔가 다르다는 걸 난 알아차렸어.

🔍 **noticeable** 형 뚜렷한
noticeably 부 또렷하게

20 put on
☐
☐
☐
풋 언

입다, 쓰다

Put the glasses on.
안경을 써 보세요.
I put on a mask yesterday.
난 어제 마스크를 썼어.

21 make ~ bigger
☐
☐
☐
메익 비걸

~를 더 크게 만들다

I made it bigger.
내가 그걸 더 크게 만들었어.
Can you make it bigger?
그걸 더 크게 만들 수 있어?

22 make ~ smaller
☐
☐
☐
메익 스몰러

~를 더 작게 만들다

Could you make it smaller?
그걸 더 작게 만들 수 있어?
Don't make them smaller.
그것들을 더 작게 만들지 마.

23 make ~ loose
☐
☐
☐
메익 루스

~를 느슨하게 만들다

I'll make it loose.
내가 그걸 느슨하게 만들게.
He made his schedule loose.
그는 자신의 일정을 여유롭게
만들었다.

24 **make ~ tight**

☐ 메익 타잇ㅌ
☐
☐

~를 꽉 조이게 만들다

I can make it tight.
내가 그걸 팽팽하게 만들 수 있어.

He made my shirt tight.
그가 내 셔츠를 꽉 조이게
만들었어.

---

25 **delay**

☐ 딜레이
☐
☐ delay–delayed–delayed

🔁 미루다, 연기하다

Could you delay it a bit?
그걸 조금만 늦춰 주시겠어요?

Our flight schedule was delayed.
우리 비행 일정이 늦춰졌어요.

---

26 **make ~ earlier**

☐ 메익 어을리어ㄹ
☐
☐

~를 앞당기다

Can you make it earlier?
그걸 앞당겨 주시겠어요?

Can you make my appointment earlier?
제 예약 시간 좀 앞당겨
주시겠어요?

---

27 **make ~ complicated**

☐ 메익 컴플리케이리드
☐
☐

~를 복잡하게 하다

Don't make it complicated.
복잡하게 하지 마.

You're making it complicated.
너 복잡하게 만들고 있어.

일상생활

28 get there by

☐ **겟** 데얼 바이

☐
☐ get-got-gotten

~까지 그곳에 가다

* by는 '(완료 기한을 나타내는)
  ~까지'의 의미를 나타냄.

I can get there by 2.
나 그곳에 2시까지 갈 수 있어.

Try to get there by 5.
그곳에 5시까지 가도록 해 봐.

🔍 **get there by** (~까지 거기에
   가다) = **go there by,
   make it by**

29 get back

☐ **겟** 백

☐
☐

돌아오다

Everybody got back.
모든 사람들이 돌아왔어.

Can you get back by 3?
3시까지 돌아올 수 있어?

🔍 **get back** (돌아오다) =
   come back, go back

30 excited

☐ **익싸**이릿

☐
☐

📝 신난, 들뜬

I'm excited! 나 신나!
We are so excited!
우리는 엄청 신났어!

31 flattered

☐
☐
☐

플래덜ㄷ

🔵 우쭐해진, 으쓱한

I'm flattered! 나 우쭐해졌어!
He was flattered.
그는 우쭐해졌어.

32 exhausted

☐
☐
☐

이그져스티ㄷ

🔵 기진맥진한, 탈진한

I was exhausted.
나 진이 다 빠졌어.
**They were totally
exhausted.**
그들은 완전히 진이 다 빠졌어.

33 feel great

☐
☐
☐

필 그뤠잇

feel-felt-felt

기분이[몸 상태가] 아주 좋다

I feel great.
나 기분이[몸 상태가] 아주 좋아.
I felt really great yesterday.
나 어제 기분이[몸 상태가] 아주
좋았어.

34 sad

☐
☐
☐

새ㄷ

🔵 슬픈

I'm sad. 나 슬퍼.
I was sad to hear that.
나 그 소식을 듣고 슬펐어.

일상생활

35 nervous
널버ㅅ

ⓗ 긴장한, 과민한

I'm not nervous.
난 긴장되지 않아.

I'm not that nervous.
난 그렇게 긴장되지 않아.

36 in the mood
인 더 무-ㄷ

~할 기분인, ~할 생각인

I'm not in the mood for a movie.
나 영화 볼 기분이 아니야.

I'm not in the mood to do it.
나 그걸 할 기분이 아니야.

37 feel sick
필 씩

몸[상태]이 좋지 않다

I feel sick.
나 몸 상태가 좋지 않아.

I feel a little sick.
나 몸 상태가 약간 좋지 않아.

38 disappointed
디써포인티ㄷ

ⓗ 실망한

I am not disappointed.
나 실망하지 않았어.

I was disappointed by the news.
나 그 소식에 실망했었어.

39 **feel sad**

□
□ 필 새ㄷ
□

슬프다

I feel sad. 나 슬퍼.
I don't want to feel sad anymore.
난 더 이상 슬프고 싶지 않아.

---

40 **feel bad**

□
□ 필 배ㄷ
□

속상하다, 유감이다

* 안타까워서 속상하다는 의미,
  화나서 속상한 경우 be upset
  을 주로 쓴다.

I feel bad. 나 속상해.
I feel bad about it.
나 그것 때문에 속상해.

---

41 **feel stuffy**

□
□ 필 스터퓌
□

(숨이 막힐 듯이) 답답하다

I feel stuffy. 나 숨 막혀.
I feel stuffy in this office.
이 사무실에선 숨이 막혀.

---

42 **stubborn**

□
□ 스터번
□

📢 (성격이) 답답한, 고집스러운

He is stubborn.
걔는 성격이 답답해.
They don't think they are stubborn.
그들은 스스로 답답하다고
생각하지 않아.

🔍 **stubborn** (고집스러운) ↔
open (개방적인), **flexible**
(융통성 있는)

43 small
스몰

형 (공간이) 좁은, 소규모의

This place is too small.
이곳은 너무 좁아.

This room is too small for me.
이 방은 나에게 너무 좁아.

일상생활

44 serious
씨리어쓰

형 진지한, 심각한

Don't be serious.
심각하게 생각하지 마.

You don't have to be serious about it.
그것에 대해 심각하게 생각할 필요 없어.

45 confused
컨퓨우즈드

형 혼란스러운

I'm not confused.
난 혼란스럽지 않아.

He was confused about it.
그는 그것에 대해 헷갈려 했어.

46

☐
☐
☐

feel mistreated
필 미쓰트**리디**ㄷ

억울해 하다

I feel mistreated.
나 억울해.

Some of them felt mistreated.
그들 중 일부가 억울해 했어요.

🔍 **treat** ⑧ 대우하다, 대하다
mistreat ⑧ 잘못 대우하다, 학대하다
mistreated ⑱ 부당한 대우를 받은

47

☐
☐
☐

unfair
언**페**얼

⑱ 불공평한, 부당한

This is unfair.
이건 공평하지 않아.

I think this is unfair.
이거 불공평한 것 같아.

🔍 **fair** ⑱ 공평한, 공정한
fairly ⑲ 꽤, 상당히, 공정하게

48

☐
☐
☐

let down
렛 **다**운
let-let-let

실망시키다

Don't let me down.
날 실망시키지 마.

I'll never let you down.
절대 널 실망시키지 않을 거야.

일상생활

49 feel relieved

☐
☐ 필 륄리-브ㄷ
☐

안심하다, 한숨 돌리다

I really feel relieved.
정말 안심이야.

Did you feel relieved?
안심이 되었어?

50 bother

☐ **바덜**
☐
☐ bother-bothered-bothered

동 귀찮게 하다, 괴롭히다

Does it bother you?
그게 너에게 걸리적거려?

Don't bother me anymore.
날 더 이상 귀찮게 하지 마.

| Daily Quiz |

1초 마스터 다음 단어와 그에 알맞은 뜻을 연결해 보세요.

1. make it • • a. 해내다

2. take off • • b. 긴장한

3. fall apart • • c. 무너지다

4. delay • • d. 떼어내다

5. nervous • • e. 늦추다

5초 마스터 빈칸에 알맞은 단어를 선택하세요.

| feel sad   serious   got back   put on   popped up |

6. He _____ at the party.
   그가 갑자기 파티에 **나타났다**.

7. I _____.
   나 **슬퍼**.

8. Everybody _____.
   모든 사람들이 **돌아왔어**.

9. I _____ a mask yesterday.
   난 어제 마스크를 **썼어**.

10. Don't be _____.
    심각하게 생각하지 마.

DAY

03

DAY 03 MP3 파일

DAY 03 강의

01 worry

□
□
□

워어뤼

worry-worried-worried

동 걱정시키다, 걱정하다

It worries me.
그게 날 걱정시켜.

Don't worry about it.
그것에 대해 걱정하지 마.

02 in trouble

□
□
□

인 트러블

곤경에 빠져, 난처하여

You will be in trouble.
너 곤란에 처할 거야.

You don't want to be in trouble.
너 어려움에 빠지고 싶지 않을 텐데.

03 yell at

□
□
□

옐랫

yell-yelled-yelled

고함을 치다, 혼내다

My boss yelled at me.
상사가 날 혼냈어.

Don't yell at me.
나에게 큰 소리 내지 마.

04 beat

□
□
□

비-ㅌ

beat-beat-beaten

동 때리다, 두드리다

He was beating a drum.
그는 북을 두드리고 있었다.

Someone was beaten for stealing.
누군가가 도둑질로 매를 맞았다.

일상생활

05 ground

그**롸**운ㄷ

☐
☐
☐

ground-grounded-grounded

ⓥ (벌로) 외출을 금지하다
ⓝ 땅, 토양

I'll be grounded.
나 외출 금지될 거야.

I was grounded for 5 days.
나 5일 동안 외출 금지 당했어.

06 wonder

원덜

☐
☐
☐

wonder-wondered-wondered

ⓥ 궁금해하다, 궁금하다

I'm wondering what this is.
난 이게 뭔지 궁금해.

I wonder when she will come.
난 그녀가 언제 올지 궁금해.

07 screw up

스크루 업

☐
☐
☐

망치다, 엉망으로 만들다

I don't want to screw up.
난 망치고 싶지 않아.

Don't screw it up this time.
이번엔 그거 망치지 마.

🔍 **screw up** (망치다)
= mess up

08 apologize

어폴로자이ㅈ

apologize–apologized–
apologized

⑧ 사과하다

Don't apologize.
사과하지 마세요.

**I apologized for the
mistake.**
난 실수에 대해 사과했어.

🔍 **apologize** (사과하다)
= say sorry
apology ⑲ 사과

09 My bad.

마이 배ㄷ

내 잘못이야.

I'm sorry, my bad.
미안해, 내 잘못이야.

🔍 **my bad** (내 잘못이야)
= my fault [mistake]

10 Anytime.

애니타임

언제든지.

* 감사의 표현에 대한 응답
 으로 Anytime은 You're
 welcome(천만에)과 같은 의미

A: Thank you.
B: Anytime.
A: 고마워.
B: 언제든지. (아는 사람에게)

11 Never mind.

네벌 **마**인

신경 쓰지 마.

Never mind. It's okay.
신경 쓰지 마. 괜찮아.

**Never mind about his
business.**
걔 일에 신경 꺼.

일상생활

12 **offend**
☐
☐ 오펜ㄷ
☐ offend- offended-offended

동 불쾌하게 하다

His comment offended me.
그의 말이 나를 불쾌하게 했어.

What you said offended me.
네가 말한 게 날 불쾌하게 했어.

13 **mean**
☐ 미인
☐ mean-meant-meant
☐

동 의도하다, 의미하다

I'm sorry. I didn't mean it.
미안해. 그럴 의도는 아니었어.

I didn't mean to hurt you.
너를 다치게 할 의도는 없었어.

14 **humble**
☐ 험블
☐
☐

형 겸손한

He is humble. 그는 겸손하다.
My friend is very humble.
내 친구는 아주 겸손해.

15 **modest**
☐ 마디스트
☐
☐

형 겸손한, 보통의

He is very modest.
그는 아주 겸손해.

She was modest about that.
그녀는 그 부분에 대해 겸손했어.

16 brag

브뢕

brag-bragged-bragged

동 잘난 척하다, 떠벌리다

He brags a lot.
걔 잘난 척 많이 해.
Don't brag. 잘난 척 하지 마.

---

17 show off

쇼우 어-ㅍ

show-showed-showed

과시하다, 으스대다
명 과시하는 사람

I don't like to show off.
나는 잘난 척하는 걸 좋아하지
않아.
He is a show-off.
그는 과시하는 부류야.

---

18 arrogant

애로건ㅌ

형 거만한, 오만한

He is arrogant. 그는 거만해.
Don't be arrogant.
거만하게 굴지 마.

---

19 down-to-earth

다운 투 얼ㅆ

형 현실적인, 실제적인

**My father is always
down-to-earth.**
우리 아버지는 항상 현실적이셔.

일상생활

20 cheap
취-입

☐
☐
☐

③ 인색한

He is so cheap.
그는 너무 인색해.

Don't be cheap.
인색하게 굴지 마.

21 outspoken
아웃스포큰

☐
☐
☐

③ 거침없이 말하는, 노골적인

He is a little outspoken.
그는 좀 거침없이 말해.

She was outspoken in her comments.
그녀는 의견을 말하는 데 노골적이었어.

22 listen to other people
리쓴 투 아덜 피플

listen-listened-listened

☐
☐
☐

사람들 얘기에 귀 기울이다

He listens to other people.
그는 사람들 얘기를 잘 들어.

He doesn't listen to other people.
그는 사람들 얘기에 잘 귀 기울이지 않아.

23 open-minded

☐ 오픈 마인딧
☐
☐

형 열린 마음을 지닌

My mother is very open-minded.
우리 엄마는 아주 열린 마음을 지니고 계셔.

🔍 open-minded (열린 마음을 지닌) ↔ stubborn (고집스러운)

---

24 outgoing

☐ 아웃고잉
☐
☐

형 외향적인, 사교적인

She is very outgoing.
그녀는 아주 외향적이야.

We need an outgoing person.
저희는 외향적인 사람이 필요합니다.

---

25 quiet

☐ 콰이엇
☐
☐

형 조용한

He seems to be a quiet person.
그는 조용한 사람인 것 같아.

You have to be quiet here.
이곳에선 조용히 해야 해.

---

26 talkative

☐ 터커디브
☐
☐

형 말이 많은, 수다스러운

He is talkative.
그는 말이 많아.

She is very talkative and fun.
그녀는 말도 아주 많고 재미있어.

일상생활

27 rude
루-ㄷ

형 무례한, 버릇 없는

He was rude to us.
그는 우리에게 무례했다.

It's rude to say that.
그렇게 말하는 건 무례해.

28 polite
폴라잇

형 공손한, 예의 바른

She is very polite.
그녀는 아주 공손하다.

Please be polite to the guests.
손님들에게 공손하게 대하세요.

29 cunning
커닝

형 약삭빠른, 교활한

He is cunning. 그는 약삭빨라.
I think she has a cunning plan.
그녀는 교활한 계획을 갖고 있는 것 같아.

30 honest
어니스ㅌ

형 정직한, 솔직한

He is an honest person.
그는 정직한 사람이야.

You should be honest about it.
넌 그것에 대해 솔직해야 해.

🔍 **honest** (정직한) ↔
cunning (교활한)

31 mean

미인

☐
☐
☐

働 못된, 심술궂은

You are so mean.
너 참 짖궂다.

Don't be mean to him.
그에게 못되게 굴지 마.

---

32 have a temper

해버 **탬퍼**ㄹ

have–had–had

☐
☐
☐

성질을 부리다, 쉽게 화를 내다

He has a temper.
그는 한 성격 해.

My brother has a quick temper.
내 남동생은 툭하면 화를 내.

---

33 coward

카워ㄹ드

☐
☐
☐

働 겁쟁이

He is a coward.
그는 겁쟁이야.

Don't act like a coward.
겁쟁이처럼 행동하지 마.

---

34 brave

브뤠이ㅂ

☐
☐
☐

働 용기 있는, 용감한

You are a brave man.
너는 용감한 남자야.

That was a brave move.
그것은 용감한 행동이었어요.

🔍 **bravely** 働 용감하게
   brave (용감한) = **bold**

일상생활

35 guts
것츠

형 배짱, 용기

He has guts.
그는 배짱이 있어.

I don't have the guts to do that.
난 그렇게 할 용기가 없어.

36 gut feeling
것 필링

직감, 육감

It's my gut feeling.
내 직감이야.

I have a gut feeling that he is a liar.
내 직감으로는 그는 거짓말쟁이야.

37 helpful
헬풀

형 도움이 되는

The workers were very helpful.
그 작업자들이 아주 도움이 되었어.

That can be helpful to us.
그게 우리에게 도움이 될 수 있어.

🔍 **help** 통 돕다 명 도움

38 selfish
셀퓌쉬

형 이기적인

He is a selfish person.
그는 이기적인 사람이야.

I didn't mean to be selfish.
이기적이고 싶은 생각은 없었어.

🔍 **selfish** (이기적인) ↔
unselfish (이기적이지 않은)

39 thoughtful
쏫풀

☐
☐
☐

圖 사려 깊은

He is thoughtful.
그는 생각이 깊어.

That was a very thoughtful comment.
그건 굉장히 사려 깊은 말이었어.

---

40 considerate
컨씨더뤼잇

☐
☐
☐

圖 배려하는, 사려 깊은

She is very considerate.
그녀는 매우 배려심이 많아.

I try to be considerate of others.
난 다른 사람들을 배려하려고 노력해.

🔍 **considerate** (배려하는) ↔
inconsiderate (사려 깊지 못한)

---

41 sweet
스윗

☐
☐
☐

圖 달콤한, 다정한, 상냥한

That's very sweet of you!
너 참 다정하구나!

He gave me a sweet smile.
그가 나에게 다정한 미소를 지었다.

---

42 get along
게럴롱

☐
☐
☐

잘 지내다, 사이 좋게 지내다

He doesn't get along with others.
그는 다른 사람들과 잘 어울리지 못해.

It's important to get along with them.
그들과 잘 지내는 것이 중요해.

일상생활

43 **be good with**
☐
☐
☐
비 굳 윗

~와 잘 지내다, ~를 잘하다

He was good with his friends.
그는 친구들과 잘 지냈어.

I'm pretty good with my family.
난 가족들하고 꽤 잘 지내.

44 **forget things easily**
☐
☐
☐
폴겟 띵쓰 **이즐리**

forget-forgot-forgot

건망증이 심하다,
잘 잊어버리다

He forgets things easily.
그는 건망증이 심해.

I forget things these days.
나 요즘 자꾸 깜빡해.

45 **shy**
☐
☐
☐
샤이

⑱ 부끄러워 하는, 수줍은

He's very shy.
그는 부끄러움을 많이 타.

She was too shy to do that.
그녀는 너무 소심해서 그렇게 하지 못했어.

🔍 **shy** ⑱ 부끄러워 하는
cautious ⑱ 조심스러운, 신중한

46 **humorous**
☐
☐
☐
휴머러스

⑱ 재미있는, 웃긴

He's funny and humorous.
그는 재미있고 웃겨.

Let's find something humorous.
뭔가 웃긴 걸 찾아 보자.

47 boring

보-링

형 지루한, 재미없는

He's boring. 그는 지루해.
We had a boring time.
우린 지루한 시간을 보냈어.

🔍 **bore** 통 지루하게 하다
boring (지루한) =
**uninteresting, dull,
tedious**

48 quiet

콰이엇

형 얌전한, 차분한

My son is a quiet kid.
우리 아들은 얌전해요.
**We know she has a quiet
manner.**
우리는 그녀가 얌전한 태도를
지니고 있다는 걸 안다.

49 don't [doesn't] listen

돈 리쓴

말을 안 듣다

My brother doesn't listen.
내 남동생은 말을 안 들어.
**My daughter doesn't
listen to me.**
제 딸은 제 말을 안 들어요.

50

rebellious

뤼**벨**리어쓰

(형) 반항적인, 저항하는

My son is rebellious.
우리 아들은 반항적이야.

I think I was a rebellious child.
난 반항적인 아이였던 것 같아.

rebelliousness
(명) 반항적임
rebelliously (부) 반항적으로

일상생활

DAY 03

| Daily Quiz |

1초 마스터 다음 단어와 그에 알맞은 뜻을 연결해 보세요.

1. wonder •   • a. 말이 많은

2. humble •   • b. 궁금해하다

3. talkative •   • c. 도움이 되는

4. honest •   • d. 정직한

5. helpful •   • e. 겸손한

5초 마스터 빈칸에 알맞은 단어를 선택하세요.

> selfish polite rebellious outgoing mean

6. My son is _____.
   우리 아들은 **반항적이야**.

7. He is a _____ person.
   그는 **이기적인** 사람이야.

8. Please be _____ to the guests.
   손님들에게 **공손하게** 대하세요.

9. We need an _____ person.
   저희는 **외향적인** 사람이 필요합니다.

10. You are so _____.
    너 참 **짓궂다**.

정답 1. b 2. e 3. a 4. d 5. c
6. rebellious 7. selfish 8. polite 9. outgoing 10. mean

DAY

04

DAY 04 MP3 파일

DAY 04 강의

01 spoiled
스**뽀**일ㄷ

형 버릇없는

He seems to be spoiled.
그는 버릇이 없는 것 같아.

🔍 **spoil** **⑧** 버릇없이 키우다, 망치다

02 grumpy
그**럼**퓌

형 심술궂은, 까탈스러운

He is grumpy.
그는 성격이 까탈스러워.

Don't be grumpy.
심통내지 마.

03 masculine
매스큘린

형 남자 같은, 남성의

He's very masculine.
그는 아주 남자다워.

My brother has a masculine voice.
내 남동생은 남자다운 목소리를 지니고 있어.

일
상
생
활

04 overweight
☐
☐ 오우벌웨잇
☐

📖 과체중의, 비만의

**I work out every day
because I'm a little
overweight.**
나는 약간 과체중이기 때문에 매일
운동한다.

05 fit
☐ 핏
☐
☐

📖 (몸이) 건강한, 탄탄한

I always try to stay fit.
난 건강한 몸 상태를 항상 유지하려
한다.

🔍 **fitness** 📖 건강, 적합함

06 skinny
☐
☐ 스끼니
☐

📖 마른, (옷이) 몸에 꼭 붙게
만든

My sister is skinny.
우리 누나는 말랐어.

**I'm looking for skinny
pants.**
나는 몸에 딱 붙는 바지를 찾고
있어.

07 have dark skin
☐ 해ㅂ **달**-ㅋ 스킨
☐ have-had-had
☐

피부가 까맣다

She has dark skin.
그녀는 피부가 까무잡잡해.

🔍 **have dark skin**(피부가
까만 편이다) ↔ **have
bright skin**

08 get a tan

☐
☐
☐

게러 **탠**

get-got-gotten

피부를 태우다

Let's go to the beach to get a tan.
해변으로 가서 피부를 좀 태우자.

🔍 **get a tan** (피부를 그을리다)
= **get tanned**

09 grow hair

☐
☐
☐

그로우 **헤얼**

grow-grew-grown

머리카락을 기르다

I am growing my hair.
나 머리 기르는 중이야.

They are good for growing hair.
그것들은 머리 기르는 데 좋아.

10 handsome

☐
☐
☐

핸썸

혱 잘생긴

He is handsome.
그는 잘생겼어.

The model is handsome.
그 모델은 잘생겼어.

🔍 **handsome** (잘생긴)
= **good-looking**

11 have a class

해버 클래스

수업이 있다

I have an English class.
나 영어 수업 있어.

I had a chemistry class today.
나 오늘 화학 수업이 있었어.

12 take a class

테이커 클래스

take-took-taken

수업을 듣다

I take an English class.
나 영어 수업 들어.

I have taken a few classes.
나 몇몇 수업들을 들은 적이 있어.

13 semester

써메스터ㄹ

⑲ 학기

this semester 이번 학기
next semester 다음 학기

14 assignment

어싸인먼ㅌ

⑲ 과제, 숙제, 임무

I have a lot of assignments.
난 과제가 많아.

You must finish your assignment tomorrow.
너 반드시 내일 과제를 끝내야 해.

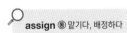

assign ⑧ 맡기다, 배정하다

15 show up
☐
☐ 쇼우 업
☐ show-showed-showed

출석하다, 나타나다

Some students didn't show up.
몇몇 학생들이 출석하지 않았다.

16 hand in
☐
☐ **핸**딘
☐ hand-handed-handed

내다, 제출하다

I have to hand in this assignment.
나 이 과제 내야 돼.

Did you hand in your homework?
너 숙제 냈어?

🔍 **hand in** (제출하다)
= turn in, submit

17 due
☐
☐ 듀
☐

~가 기한인, ~로 예정된

This is due today.
이거 오늘까지야.

That homework was due yesterday.
그 숙제는 어제까지였어.

18 have a test
☐
☐ 해버 **테**스ㅌ
☐

시험을 보다

I had a test today.
나 오늘 시험 봤어.

Did you have the test?
너 그 시험 봤어?

🔍 **have a test** (시험을 보다)
= take a test

일상생활

19 repeat after
□
□ 뤼**핏** 애프터ㄹ
□ repeat-repeated-repeated

~의 말을 따라 하다

I repeated after him.
내가 그의 말을 따라 했어.

How about repeating after me?
내 말을 따라해 보는 건 어때?

20 skip class
□
□ 스킵 클래스
□ skip-skipped-skipped

수업에 빠지다

I'll skip English class today.
난 오늘 영어 수업 빠질 거야.

I skipped my math class yesterday.
나 어제 수학 수업 듣지 않았어.

21 write down
□
□ **롸**잇 다운
□ write-wrote-written

받아 적다

Write down what I say.
내가 말하는 걸 받아 적어.

I forgot to write down his comments.
그의 말을 받아 적는 걸 깜빡 잊었어.

🔍 **write down** (적다)
= note (down), put down, take down

22 **take notes**
☐
☐ 테익 **노**우ㅊ
☐

필기하다

I took notes. 나 필기했어.
Can you take notes for me?
내 필기 좀 해 줄 수 있어?

---

23 **copy**
☐
☐ **카**피
☐ copy-copied-copied

⑧ 베끼다, 복사하다
⑲ 복사(본)

He copied mine.
쟤가 내 꺼 베꼈어.
Did you copy it?
너 그거 복사했니?

🔍 **copy** (복사하다) =
duplicate, make a copy

---

24 **Got a pen?**
☐
☐ 가러 **펜**?
☐

펜 있어?

Got a pen? 너 펜 있어?
Got an extra pen?
너 펜 하나 더 있어?

---

25 **borrow**
☐
☐ **버**로우
☐ borrow-borrowed-
borrowed

⑧ 빌리다

Can I borrow your pen?
나 펜 하나만 빌려줄 수 있어?
I borrowed his textbook.
내가 그의 교과서 빌렸어.

일상생활

26 **have a presentation**

해버 프레즌**테**이션

have-had-had

발표하다

I have a presentation today.
나 오늘 발표해.

I had a presentation yesterday.
나 어제 발표했어.

27 **have a talk**

해버 **터**-ㅋ

이야기하다

Let's have a talk.
얘기 좀 해요.

I will have a talk with my teacher.
나 선생님과 얘기할 거야.

28 **get 60 percent**

겟 **씩**스티 펄**센**ㅌ

60점을 맞다

I got 60 percent.
나 60점 맞았어.

I got 6 out of 10.
나 10개 중에 6개 맞았어.

29 **get ~ right**

겟 **롸**잇

~를 맞히다

Did you get it right?
너 그거 맞았어?

I didn't get this right.
나 이거 맞히지 못했어.

30 **get ~ wrong**

겟 뤼엉

☐
☐
☐

~를 틀리다

I got it wrong.
나 그거 틀렸어.

I got number 7 wrong.
나 7번 문제 틀렸어.

---

31 **explain**

익스플레인

☐
☐
☐

explain-explained-
explained

⊜ 설명하다

I can explain everything.
난 다 설명할 수 있어.

We explained it to him.
우리는 그것을 그에게 설명해
주었다.

🔍 **explanation** 몡 설명, 해명

---

32 **apply**

어플라이

☐
☐
☐

apply-applied-applied

⊜ 신청하다, 지원하다

I applied for the trip.
나 그 여행 신청했어.

How can I apply?
제가 어떻게 신청할 수 있죠?

---

33 **go through**

고우 쓰루

☐
☐
☐

go-went-gone

살펴보다, 검토하다

**Let's go through this
chapter.**
이번 장을 한 번 살펴보자.

**I went through it by
myself.**
난 그것을 혼자 살펴봤다.

🔍 **go through** (검토하다)
= go over

일상생활

34 accurate
애큐릿

🔲
🔲
🔲

형 정확한, 정밀한

The numbers are accurate.
숫자들이 정확해.

We need accurate information.
우리는 정확한 정보가 필요해.

🔍 accuracy 명 정확도
accurately 부 정확하게

35 clear
클리얼

🔲
🔲
🔲

형 명확한, 분명한

His message was clear.
그의 메시지는 명확했어요.

It is clear that they are right.
그들이 옳다는 것이 명확하다.

🔍 clearly 부 분명히, 또렷하게

36 profound
프로**파**운ㄷ

🔲
🔲
🔲

형 깊은, 심오한

His message was profound.
그의 메시지는 깊이가 있었다.

The movie delivers a profound message.
그 영화는 심오한 메시지를 전달한다.

37 graduate

□
□ 그**뤠**쥬에잇
□
graduate-graduated-
graduated

통 졸업하다
명 대학 졸업자

I graduated last year.
나 작년에 졸업했어.

I graduated from high school.
나 고등학교 졸업했어.

🔍 graduation 명 졸업

---

38 cheat on

□ **취**잇 언
□
□
cheat-cheated-cheated

(시험 등에서) 부정 행위를 하다

He cheated on the test.
그는 시험에서 부정 행위를 했어.

Did you cheat on the test?
너 시험에서 부정 행위를 했어?

---

39 get kicked out

□ 겟 **킥**타웃
□
□

퇴출당하다, 쫓겨나다

I got kicked out from my school.
나 학교에서 퇴학당했어.

Did she get kicked out from the team?
그녀가 팀에서 쫓겨났어?

---

40 drop out

□ **드랍** 아웃
□
□
drop-dropped-dropped

자퇴하다, 중퇴하다

I dropped out from my school.
나 학교 자퇴했어.

Steve Jobs dropped out from his school.
스티브 잡스는 학교를 자퇴했어요.

일상생활

41 major in
메이져린

major-majored-majored

전공하다

What did you major in?
넌 무엇을 전공했어?

I majored in history.
난 역사를 전공했어.

---

42 period
피뤼어ㄷ

명 교시, 기간, 시기

first[1st] period 1교시
second[2nd] period 2교시

---

43 take a year off
테이커 이얼 어-ㅍ

1년 휴학하다

He took 3 years off.
그는 3년 휴학했어.

I will take a year off.
나 1년 휴학할 거야.

---

44 get a scholarship
게러 스컬러쉽

장학금을 받다

I got a scholarship.
나 장학금 받았어.

Did you get a scholarship?
너 장학금 받았어?

45 join
☐
☐ 조인
☐ join-joined-joined

⑧ 입사하다, 가입하다

I joined Google.
나 구글에 입사했어.

I joined Siwon School last year.
나는 작년에 시원스쿨에 입사했어.

🔍 join (~에 들어가다)
= enter, get in

46 get a job
☐
☐ 게러 **잡**
☐

취직하다

I got a job.
나 취직했어.

I got a job at Siwon School.
나 시원스쿨에 취직했어.

47 quit
☐
☐ 쿠윗
☐ quit-quit-quit

⑧ 그만두다

I quit my job. 나 일 그만뒀어.
I will quit today.
나 오늘 때려칠 거야.

🔍 quit (그만두다) =
stop, give up, cease

48 have an interview
☐
☐ 해번 **인**털뷰우
☐

면접을 보다, 회견하다

I have an interview today.
나 오늘 면접 있어.

I have an interview with Siwon School.
나 시원스쿨에서 면접 봐.

일상생활

49 fire

☐
☐ **퐈**이얼
☐ fire-fired-fired

동 해고하다

She was fired last month.
그녀는 지난달에 해고됐어.

I got fired last year.
나 작년에 해고됐어.

🔍 **be fired** (해고당하다)
= **get fired**

50 kick out

☐
☐ **키**카웃
☐ kick-kicked-kicked

쫓아내다, 퇴출시키다

Don't kick me out.
나를 쫓아내지 마.

I was kicked out.
나 쫓겨났어.

| Daily Quiz |

1초 마스터 다음 단어와 그에 알맞은 뜻을 연결해 보세요.

1. spoiled   •   • a. 설명하다

2. borrow   •   • b. 그만두다

3. explain   •   • c. 졸업하다

4. graduate   •   • d. 버릇없는

5. quit   •   • e. 빌리다

5초 마스터 빈칸에 알맞은 단어를 선택하세요.

profound   handsome   joined   fired   accurate

6. I got _____ last year.
   나 작년에 **해고됐어**.

7. I _____ Google.
   나 구글에 **입사했어**.

8. The movie delivers a _____ message.
   그 영화는 **심오한** 메시지를 전달한다.

9. The numbers are _____.
   숫자들이 **정확해**.

10. He is _____.
    그는 **잘생겼어**.

정답 1. d 2. e 3. a 4. c 5. b
6. fired 7. joined 8. profound 9. accurate 10. handsome

DAY

05

DAY 05 MP3 파일

DAY 05 강의

01 **take a day off**

☐
☐ **테**이커 데이 **어**-ㅍ
☐ take-took-taken

하루 휴가를 얻다

I will take a day off.
나 하루 쉴 거야.

You can take a day off.
하루 쉬셔도 됩니다.

---

02 **go to work**

☐
☐ 고우루 **워**얼-ㅋ
☐ go-went-gone

출근하다

I go to work every day.
난 매일 출근해.

I went to work yesterday.
나 어제 출근했어.

---

03 **get off work**

☐
☐ 게더-ㅍ **워**얼-ㅋ
☐ get-got-gotten

퇴근하다

Yesterday, I got off work at seven.
어제 나 7시에 퇴근했어.

When did you get off work?
너 언제 퇴근했어?

---

04 **finish**

☐
☐ **퓌**니쉬
☐ finish-finished-finished

🔵 끝내다, 끝나다

I finished my work at seven.
나 7시에 일을 끝냈어.

When do you usually finish working?
너 보통 언제 일을 끝내?

🔍 finish (끝나다) = end, be over

05
☐
☐
☐

have a meeting

해버 **미**-링

have-had-had

회의하다

We had a meeting.
우리 회의했어.

Let's have a meeting there.
거기서 회의해요.

06
☐
☐
☐

have a presentation

해버 프레즌**테**이션

발표하다

We have a presentation today.
우리는 오늘 발표해.

I will have a presentation for our client.
저는 우리 고객에게 발표할 거예요.

07
☐
☐
☐

submit

썹밋

submit-submitted-submitted

🖲 제출하다

I have to submit the report.
난 보고서를 제출해야 해.

We didn't submit it yet.
우린 그것을 아직 제출하지 않았어요.

🔍 **submission** 몡 제출(물)

08
☐
☐
☐

document

다큐먼ㅌ

몡 서류, 문서

Submit this document.
이 서류를 제출해.

This is a very important document.
이건 아주 중요한 서류입니다.

09 get promoted

겟 프로**모**리드

승진하다

I got promoted yesterday.
나 어제 승진했어.

You will get promoted soon.
곧 승진하실 거예요.

10 analyze

애널라이ㅈ

analyze-analyzed-analyzed

⑧ 분석하다, 검토하다

Please analyze this data.
이 데이터를 분석해 주세요.

We need to analyze this graph.
우리는 이 그래프를 분석해야 해요.

11 define

디**파**인

define-defined-defined

⑧ 정의하다, 규정하다

We should define the usage of the program.
우리는 그 프로그램의 용도를 정의해야 해요.

It is important to define the problem.
그 문제를 규정하는 것이 중요해요.

◯ definition ⑲ 정의
definitional ⑳ 정의를 내리는, 명확한

일상생활

12
come up with a solution

☐
☐
☐

컴 업 위더 쏠루션

come-came-come

해답을 찾다

The team didn't come up with a solution.
그 팀은 해결책을 찾지 못했어요.

They will come up with a better solution.
그들이 더 나은 해결책을 제시할 거예요.

13
negotiate

☐
☐
☐

니고쉬에잇

negotiate-negotiated-negotiated

⑧ 협상하다, 교섭하다

He doesn't negotiate well.
그는 협상을 잘 하지 못한다.

You should negotiate with them.
당신은 그들과 협상해야 해요.

14
sign a contract

☐
☐
☐

싸이너 **컨**트뢕

sign-signed-signed

계약서에 서명하다

They signed a contract.
그들이 계약서에 서명했어요.

Did you sign the contract?
그 계약서에 서명하셨어요?

15
get permission

☐
☐
☐

겟 펄**미**션

허락을 받다

I got permission.
나 허락 받았어.

I have to get permission from my manager.
저는 상사에게서 허락 받아야 해요.

16 have a talk

해버 **터**-ㅋ

☐
☐
☐

면담하다

I had a talk with my boss.
나 우리 사장님이랑 면담했어.

I have to have a talk with you.
당신과 면담을 해야 합니다.

17 reply

뤼플**라**이

☐
☐ reply-replied-replied
☐

통 답변하다, 대응하다
명 답변, 대답, 대응

I don't want to reply.
난 답변하고 싶지 않아.

Have you replied to the e-mail?
그 이메일에 답변하셨나요?

18 put on hold

푸런 **홀**ㄷ

☐
☐ put-put-put
☐

보류하다, 중단하다

Put that project on hold.
그 프로젝트 보류해 주세요.

Can we put it on hold?
우리가 그것을 중단할 수 있나요?

19 resume

뤼**주**-움

☐
☐ resume-resumed-resumed
☐

통 다시 시작하다, 재개하다

We resumed the work after a break.
우리는 휴식 후에 일을 다시 시작했다.

The meeting will be resumed soon.
회의가 곧 재개될 것이다.

일상생활

20 **get an offer**

□
□
□

게런 **어**퓔

제안을 받다

I got a very good offer.
나 아주 좋은 제안을 받았어.

Can I get a job offer this time?
내가 이번에 입사 제안을 받을 수 있을까?

21 **ask for permission**

□
□
□

에슥 풜 펄**미**션

ask-asked-asked

허락을 구하다

We asked for permission first.
우리는 먼저 허락을 구했다.

I will ask for his permission to buy more items.
더 많은 제품을 구입할 수 있도록 그의 허락을 요청할 것입니다.

22 **work overtime**

□
□
□

월ㅋ **오**벌타임

work-worked-worked

야근하다, 초과 근무를 하다

He usually works overtime.
그는 보통 야근을 합니다.

Do we have to work overtime this week?
우리가 이번 주에 초과 근무를 해야 할까요?

23 shift
쉬프트

뗑 교대 근무(조), 변화
똉 옮기다, 이동하다

I have a night shift tomorrow.
나 내일 야간 근무가 있어.

I prefer the day shift.
저는 주간 근무를 선호합니다.

---

24 retire
뤼**타**이얼

retire-retired-retired

똉 은퇴하다, 퇴직하다

He retired last year.
그는 작년에 은퇴했어요.

I will never retire from my job.
저는 절대 은퇴하지 않을 거예요.

🔍 **retirement** 뗑 은퇴, 퇴직

---

25 co-worker
코우월컬

뗑 동료 직원

He's my co-worker.
그는 내 직장 동료이다.

I'm his colleague at Siwon School.
저는 그의 시원스쿨 직장 동료입니다.

🔍 **co-worker** (동료)
= **colleague**

---

26 team leader
팀 **리**더ㄹ

팀장

I'm a team leader.
제가 팀장입니다

🔍 **team leader[captain, manager]** 팀장
team member 팀원

일상생활

27 scrap paper
☐
☐
☐
스크뢥 **페**이펄

종이쪽지, 메모지

This is just scrap paper.
이건 그냥 메모지예요.

We can save money by using scrap paper.
종이쪽지를 활용해서 돈을 절약할 수 있어요.

28 work out
☐
☐
☐
월**카**웃
work-worked-worked

운동하다

I work out every day to lose weight.
나는 체중을 감량하기 위해 매일 운동한다.

Let's work out in the gym.
체육관에서 운동하자.

29 do yoga
☐
☐
☐
두 **요**가
do-did-done

요가를 하다

I did yoga today.
나 오늘 요가했어.

How long have you done yoga?
요가를 얼마나 오래 해 오셨나요?

30 do pilates
☐
☐
☐
두 필**라**티스

필라테스를 하다

I do pilates regularly.
나는 주기적으로 필라테스를 해.

Where can we do pilates?
어디서 우리가 필라테스를 할 수 있죠?

31 bend

벤ㄷ

bend-bent-bent

⑧ 구부리다, 굽히다

Bend your knees to pick it up.
그걸 집으려면 무릎을 굽혀야 해.

Can you bend this wire?
이 철사 구부릴 수 있어?

32 stretch

스트**렛**취

stretch-stretched-stretched

⑧ 뻗다, 늘이다

Stretch your legs.
다리를 쭉 뻗으세요.

Stretch your arms to the sky.
하늘로 팔을 쭉 뻗으세요.

33 do stretching

두 스트**렛**칭

스트레칭을 하다

Do some stretching before you exercise.
운동하기 전에 스트레칭을 좀 해.

I did stretching, so I'm ready to run.
스트레칭을 했기 때문에 난 달릴 준비가 되었다.

34 sweat

스**웻**

sweat-sweated-sweated

⑧ 땀을 흘리다
⑲ 땀, 노력

I usually sweat a lot in the summer.
난 여름에 보통 땀을 많이 흘려.

He was sweating heavily during the interview.
그는 면접 중에 땀을 많이 흘리고 있었다.

일상생활

35 **lose weight**
☐
☐ 루즈 **웨**잇
☐ lose-lost-lost

살을 빼다

I want to lose weight.
나 살 빼고 싶어.

Did you lose weight?
너 살 좀 뺐어?

36 **gain weight**
☐
☐ **게**인 **웨**잇
☐ gain-gained-gained

살이 찌다

I gained a lot of weight.
나 살 엄청 쪘어.

I gained 10 kilos.
나 10킬로그램 쪘어.

37 **go swimming**
☐
☐ 고우 스**위**밍
☐

수영하러 가다

Yesterday, I went swimming.
나 어제 수영하러 갔어.

Tomorrow, I will go swimming.
나 내일 수영하러 갈 거야.

38 **take a walk**
☐
☐ **테**이커 **워**-ㅋ
☐

산책하다

Go take a walk outside.
밖에 나가서 좀 걸어.

I took a walk for about 5 minutes.
저는 5분 정도 산책했어요.

🔍 **take a walk** (산책하다)
= stroll

39 go hiking
☐
☐ 고우 **하**이킹
☐

등산하러 가다

I want to go hiking.
나 등산하러 가고 싶어.

We will go hiking tomorrow.
우리 내일 등산갈 거야.

40 give a call
☐
☐ 기버**콜**
☐ give-gave-given

전화하다

My father gave me a call today.
오늘 아버지가 나에게 전화하셨다.

Give him a call.
그에게 전화해 봐.

41 get a call
☐
☐ 게러 **콜**
☐

전화를 받다

I got a call from my office.
난 사무실에서 온 전화를 받았다.

Did you get a call from him?
그에게서 온 전화를 받았나요?

42 on the phone
☐
☐ 언 더 **포**운
☐

통화 중인

He is on the phone now.
그는 지금 통화 중이다.

I am talking on the phone.
나 통화하는 중이야.

🔍 **on the phone**(통화 중인)
= on a call

43 **hang up
(the phone)**

행 **업**

hang-hung-hung

전화를 끊다

Please hang up.
(전화를) 끊어 주세요.

He hung up the phone.
그가 전화를 끊었어요.

44 **pick up
(the phone)**

피**껍**

pick-picked-picked

전화를 받다

**He didn't pick up the
phone.**
그는 전화를 받지 않았어요.

Don't pick up the phone.
전화 받지 말아요.

45 **text**

텍스ㅌ

text-texted-texted

🔵 문자 메시지를 보내다
🔵 본문, 글

Text me later.
나에게 나중에 문자 보내.

I will text you later.
내가 나중에 문자 보낼게.

46 **go through**

고우 **쓰**루

살펴보다, 검토하다

**I'm going through this
article.**
나 이 기사를 검토하는 중이야.

**I went through this
article.**
나 이 기사 살펴봤어.

47

☐
☐
☐

check e-mail

쳌 이메일

check-checked-checked

이메일을 확인하다

Did you check your e-mail?
너 이메일 확인했어?

Check all the e-mails.
모든 이메일을 확인해 주세요.

48

☐
☐
☐

join the Web site

조인 더 **웹**사잇

join-joined-joined

웹사이트에 가입하다

Join the Website to use the service.
서비스를 이용하려면 웹사이트에 가입하세요.

I joined the Website, so I have an account.
그 웹사이트에 가입했기 때문에, 난 계정을 갖고 있어.

49

☐
☐
☐

connect to Wi-Fi

커넥 투 **와**이파이

connect-connected-connected

와이파이에 연결하다

I want to connect to Wi-Fi.
와이파이에 연결하고 싶어요.

How can I connect to Wi-Fi here?
여기서 어떻게 와이파이에 연결할 수 있나요?

50 **write a comment**

□
□
□

라이러 **커**멘ㅌ

write-wrote-written

댓글을 쓰다

I wrote a comment about that article.
나는 그 기사에 댓글 썼어.

Have you ever written a comment on that Web site?
그 웹사이트에서 댓글 달아 본 적 있어?

1초 마스터 다음 단어와 그에 알맞은 뜻을 연결해 보세요.

1. finish · · a. 제출하다
2. sweat · · b. 끝내다
3. resume · · c. 땀을 흘리다
4. submit · · d. 은퇴하다
5. retire · · e. 재개하다

5초 마스터 빈칸에 알맞은 단어를 선택하세요.

> reply analyze document define shift

6. Submit this _____.
이 **서류**를 제출해.

7. Please _____ this data.
이 데이터를 **분석해** 주세요.

8. It is important to _____ the problem.
그 문제를 **규정하는** 것이 중요해요.

9. I don't want to _____.
나는 **답변하고** 싶지 않아.

10. I prefer the day _____.
저는 주간 **근무**를 선호합니다.

20일 만에 말하기 영단어 끝!

DAY

06

DAY 06 MP3 파일

DAY 06 강의

01 save

☐
☐
☐

세이브

save-saved-saved

ⓥ 저장하다, 저축하다

Save this photo and delete that photo.
이 사진은 저장하고 저 사진은 삭제하세요.

How can I save it?
그걸 어떻게 저장할 수 있죠?

🔍 **saving** ⑲ 절약, 저금
ⓐ 절약하는

---

02 copy and paste

☐
☐
☐

카피 앤 페이스트

복사해서 붙여넣기

Just copy and paste this part.
그냥 이 부분을 복사해서 붙여넣기 해.

Let me know how to copy and paste it.
그걸 복사해서 붙여넣기하는 법을 좀 알려 줘.

---

03 scroll up

☐
☐
☐

스크롤업

scroll-scrolled-scrolled

화면을 올리다

scroll up the screen
화면을 올리다

scroll down the screen
화면을 내리다

---

04 fill in

☐
☐
☐

필린

fill-filled-filled

작성하다, 채우다

Please fill in the blank.
빈칸에 작성하세요.

I filled everything in.
모두 다 작성했어요.

🔍 **fill in** (작성하다)
= **make out**

일
상
생
활

05 **press**

☐
프레스
☐
press-pressed-pressed
☐

ⓥ 누르다, 압력을 가하다

Press this.
이걸 누르세요.

Press the button.
그 버튼을 누르십시오.

06 **add on**

☐
애드 언
☐
add-added-added
☐

추가하다, 포함시키다

Add me on Kakaotalk.
나 카카오톡 친구 추가해 줘.

Can you add me on Twitter?
나 트위터에 친구 추가해 줄래?

○ **addition** ⑲ 추가
additional ⑲ 추가의

07 **I'm not using ~.**

☐
암 **낫** 유징
☐
☐

나 ~ 안 해.

I'm not using Kakao talk, but I'm using WeChat.
난 카톡은 안 하는데, 위챗은 해.

I'm on Kakaotalk, but I'm not on WeChat.
난 카톡은 하는데, 위챗은 안 해.

08 **block**

☐
블락
☐
block-blocked-blocked
☐

ⓥ 막다, 차단하다

I blocked my ex.
난 내 전 여친[전 남친] 차단했어.

Don't block me!
나 차단하지 마!

09 post
포스트

post-posted-posted

동 게시하다, 발송하다
명 우편(물)

I'll post all our photos.
내가 우리 사진을 전부 올릴게.

I'll post your photo on my Instagram.
네 사진을 내 인스타그램에 올릴게.

10 hit ~ views
힛 뷰-ㅈ

hit-hit-hit

조회수 ~를 기록하다

My post hit 100 views.
내 게시물이 조회수 100을 기록했어.

This article hit 10 million views.
이 기사가 천만 번의 조회수를 기록했어.

11 go viral
고우 봐이럴

go-went-gone

입소문이 나다

These contents went viral.
이 콘텐츠가 입소문이 났어.

It will go viral on the Internet.
그게 온라인에서 입소문이 날 거야.

12 browse
브라우즈

browse-browsed-browsed

동 둘러보다, 훑어보다

I am just browsing.
그냥 구경하는 중이에요.

Let's browse the stores first.
그 매장들을 먼저 둘러보자.

13 Do you have ~?

☐
☐ 두**유** 햅
☐

~가 있어요?

Do you have decaf?
카페인 없는 커피 있어요?

Do you have pants?
바지 있어요?

---

14 try on

☐ 트라이 **언**
☐
☐ try-tried-tried

(옷 등을) 입어보다

Try this on.
이걸 한 번 입어보세요.

Can I try those shoes on?
저 신발 한 번 신어봐도 되나요?

🔍 **try on** (입어보다) **= put on**

---

15 fitting room

☐ **퓌**링 룸
☐
☐

탈의실

Where is the fitting room?
탈의실이 어디 있나요?

You can find the fitting room over there.
탈의실은 저쪽에서 찾으실 수 있어요.

---

16 I'd like to ~.

☐ 아잇 **라**익 투
☐
☐

~하고 싶어요.

I'd like to buy this.
저 이거 사려고요.

I'd like to pay for this one.
이거 계산 좀 하려고 합니다.

17 **fit**

핏

- [ ]
- [ ]
- [ ]

⑤ (몸에) 딱 맞다, 맞추다

It fits. 딱 맞아요.

They don't fit at all.
그것들은 전혀 맞지 않아요.

---

18 **waiting line**

웨이딩 라인

- [ ]
- [ ]
- [ ]

대기 줄, 대기 행렬

Is this a waiting line?
이거 대기 줄인가요?

**There are so many
waiting lines.**
대기 줄이 너무 많아요.

---

19 **Go ahead.**

고우 어**헤**드

- [ ]
- [ ]
- [ ]

먼저 하세요.

You can go ahead.
먼저 하셔도[가셔도] 됩니다.

---

20 **wrap**

뤱

- [ ]
- [ ]
- [ ]

wrap-wrapped-wrapped

⑤ 싸다, 포장하다

Wrap it, please.
그것을 포장해 주세요.

I will wrap it.
그거 포장할 거예요.

일상생활

21 **pay for**

☐
☐ **페**이 폴
☐
pay-paid-paid

~의 값을 지불하다

Where do I pay for this?
이거 어디서 지불해요?

You need to pay for it in advance.
그것에 대해 미리 지불하셔야 합니다.

22 **get a refund**

☐
☐ 게러 **뤼**펀
☐
get-got-gotten

환불 받다

You can get a refund.
환불 받으실 수 있어요.

I got a full refund.
나 전액 환불 받았어.

23 **another size**

☐
☐ 어**나**덜 싸이즈
☐

다른 사이즈

Can I try another size on?
다른 사이즈 입어봐도 돼요?

Do you have another size?
다른 사이즈도 있나요?

24 exchange

익스**췌**인쥐

exchange-exchanged-
exchanged

동 교환하다, 주고받다
명 교환

I want to exchange it for another size.
그것을 다른 사이즈로 교환하고 싶어요.

Can I exchange it for another color?
그것을 다른 색으로 교환할 수 있나요?

25 purchase

펄춰스

purchase-purchased-
purchased

통 구매하다, 구입하다
명 구입, 구매

I want to purchase this.
이거 구매하고 싶어요.

Did you purchase it?
그거 샀니?

26 for free

폴 **프**리

공짜로, 무료로

Is this for free?
이거 공짜인가요?

You can get those items for free.
무료로 그 제품들을 가져가실 수 있어요.

27 another one

어**나**덜 원

또 다른 하나

I'll have another one.
다른 걸로 할게요.

I'll take another one.
다른 걸로 가져갈게요.

일상생활

28 new one
뉴 원

새것

Please get me a new one.
새것으로 갖다 주세요.

**I would like to have a
new one.**
새것으로 가지고 싶어요.

29 some of these
썸업 디즈

이것들 중 몇 개

I like some of these.
이것들 중 몇 개는 맘에 들어.

I tried some of these.
이것들 중 몇 개는 입어봤어.

30 most of these
모스트업 디즈

이것들 대부분

I tried most of these.
이것들 대부분을 입어봤어.

I bought most of these.
이것들 대부분을 샀어.

31 most of them
모스트업 뎀

그것들 대부분

I have most of them.
그것들 대부분은 있어.

**Most of them are very
nice.**
그것들 대부분이 아주 좋아요.

32 **recommend**

□
□ 뤠커멘-ㄷ
□ recommend-recommended-recommended

🟢 추천하다, 권고하다

Could you recommend us an item?
저희에게 제품 하나 추천해 주시겠어요?

🔍 **recommendation**
🟢 추천
recommended 🟢 추천된

33 **look for**

□
□ 룩 포-ㄹ
□ look-looked-looked

~을 찾다, 구하다

I'm looking for a jacket.
재킷을 하나 찾고 있어요.

I looked for you.
너를 찾아 다녔어.

34 **wait**

□
□ 웨잇
□ wait-waited-waited

🟢 기다리다

Can I wait here?
여기서 기다려도 돼요?

Wait a minute.
잠깐만 기다리세요.

35 **make a payment**

□
□ 메이커 페이먼트
□ make-made-made

지불하다, 결제하다

I'll make a payment with my credit card.
신용카드로 지불할게요.

You should make a payment in advance.
미리 비용을 지불하셔야 합니다.

일상생활

36 order

☐
☐ 올덜
☐ order-ordered-ordered

⑧ 주문하다, 지시하다
⑲ 주문, 지시, 순서

I would like to order now.
지금 주문하고 싶어요.

Can I order it online?
그걸 온라인으로 주문할 수 있나요?

---

37 have

☐ 햅
☐ have-had-had
☐

⑧ 구매하다

I will have this one.
저 이거 살게요.

---

38 sell

☐ 셀
☐ sell-sold-sold
☐

⑧ 팔다, 판매하다

They sell coffee here.
그들은 여기서 커피 팔아.

They sold shirts.
그들은 셔츠를 팔았어요.

---

39 buy one get one free

☐
☐ 바이 원 겟 원 프리
☐

하나 가격에 두 개를 주는 할인

Is this "buy one get one free"?
이거 1+1인가요?

Buy one, get one free!
1+1으로 드립니다!

40 sold out

쏠다웃

매진된, 품절된

This is sold out.
이건 품절입니다.

Everything is sold out.
모든 것이 매진된 상태입니다.

🔍 **sell** ⑤ 팔다, 팔리다
sale ⑱ 매출, 영업, 판매

---

41 change

췌인쥐

⑱ 잔돈, 동전

I don't need change.
잔돈은 필요 없어요.

Keep the change.
잔돈 안 주셔도 돼요.

---

42 receipt

뤼씻

⑱ 영수증

Do you need a receipt?
영수증 필요하세요?

I don't need a receipt.
영수증 필요 없어요.

---

43 For here or to go?

폴 히얼 올 투고

매장 식사, 아니면 포장인가요?

Would you like this for here or to go?
매장에서 드시겠어요, 아니면 포장하시겠어요?

44 **make it a meal**
메이끼러 **미**일

세트로 하다

Make it a meal.
세트로 주세요.

45 **look similar**
룩 **씨**밀러

look-looked-looked

비슷하게 보이다

All of them look similar.
그것들 모두 비슷해 보여요.

46 **look the same**
룩 더 **쎄**임

똑같아 보이다

These look the same.
이것들은 똑같아 보여요.

47 **get married**
겟 **매**뤼드

결혼하다

I got married 7 years ago.
전 7년 전에 결혼했어요.

When did you get married?
당신은 언제 결혼하셨어요?

48

☐ ☐ ☐

have a crush on

해버 **크**러쉬 언

~에게 한눈에 반하다

He had a crush on me.
그는 나에게 한눈에 반했어.

I had a crush on her.
난 그녀에게 홀딱 빠졌어.

49

☐ ☐ ☐

flirt

플**럴**-ㅌ

flirt-flirted-flirted

🔵 작업 걸다, 꼬리치다

Don't flirt with him!
그에게 작업 걸지 마!

She's flirting now.
그녀는 지금 꼬리치는 거야.

50

☐ ☐ ☐

ask out

애스**까**웃

ask-asked-asked

데이트 신청하다

He asked me out.
그가 나에게 데이트 신청했어.

Just ask her out if you like her.
그녀가 마음에 들면 그냥 데이트 신청해.

1초 마스터 다음 단어와 그에 알맞은 뜻을 연결해 보세요.

1. fill in   •   • a. 영수증

2. post   •   • b. 게시하다

3. wrap   •   • c. 작성하다

4. purchase •   • d. 구매하다

5. receipt   •   • e. 포장하다

5초 마스터 빈칸에 알맞은 단어를 선택하세요.

> exchange wait fit order flirt

6. They don't _____ at all.
   그것들은 전혀 **맞지** 않아요.

7. I want to _____ it for another size.
   그것을 다른 사이즈로 **교환하고** 싶어요.

8. Can I _____ here?
   여기서 **기다려도** 돼요?

9. I would like to _____ now.
   지금 **주문하고** 싶어요.

10. Don't _____ with him!
    그에게 **작업 걸지** 마!

정답 1. c 2. b 3. e 4. d 5. a
6. fit 7. exchange 8. wait 9. order 10. flirt

DAY

07

DAY 07 MP3 파일

DAY 07 강의

01 **have a date**

☐ 해버 **데잇**
☐ have-had-had
☐

데이트 하다, ~와 만나다

I have a date.
나 데이트 있어.

I had a date with him.
나 그 남자와 데이트 했어.

---

02 **go out with**

☐ 고우 **아웃** 윗
☐ go-went-gone
☐

~와 사귀다, 교제하다

He's going out with her.
그는 그녀와 사귀고 있어.

Julie is going out with Tom.
줄리는 톰과 사귀는 중이야.

---

03 **break up**

☐ 브**뤠**이컵
☐ break-broke-broken
☐

헤어지다, 관계를 끊다

I broke up with her.
나 그녀와 헤어졌어.

I will break up with her.
나 그녀와 헤어질 거야.

---

04 **dump**

☐ **덤**ㅍ
☐ dump-dumped-dumped
☐

통 차다, 버리다

He dumped me.
그가 나 찼어.

I dumped her.
내가 그녀를 찼어.

05 cheat on
취잇 언

☐
☐ cheat-cheated-cheated
☐

속이다, 바람 피우다

He is cheating on me.
그가 날 속이고 바람 피우고 있어.

He is cheating on his wife.
그는 아내 몰래 바람 피우고 있어.

06 get divorced
겟 디**보**울스ㄷ

☐
☐ get-got-gotten
☐

이혼하다

I got divorced. 나 이혼했어.
Did you get divorced?
너 이혼했어?

07 argue
알규

☐
☐ argue-argued-argued
☐

⑧ 다투다, 언쟁하다

They argued a lot.
그들은 많이 다퉜어요.

We argued a lot.
우리 많이 싸웠어.

🔍 **argument** ⑲ 논쟁

08 good
굳

☐
☐
☐

⑱ 사이가 좋은, 화해한

We are good now.
우린 지금 사이가 좋아.

We argued a lot, but we are good now.
우리는 많이 다퉜는데, 지금은 화해했어.

09 get over
겟 **오**우벌

~을 잊다, 극복하다

I got over her.
난 그녀를 잊었어.

Please get over him.
그를 잊으세요.

🔍 **get over** (극복하다)
= overcome

---

10 have good chemistry
해브 굳 **케**미스트리

궁합이 잘 맞다, 잘 어울리다

We had good chemistry.
우리 서로 궁합이 잘 맞았어.

---

11 fall in love
폴 인 **럽**

fall-fell-fallen

사랑에 빠지다

I totally fell in love.
나 완전히 사랑에 빠졌어.

She fell in love with him.
그녀는 그와 사랑에 빠졌습니다.

---

12 have a cold
해버 **콜**ㄷ

감기 걸리다

I have a cold. 나 감기 걸렸어.

Do you have a cold?
너 감기 걸렸니?

🔍 **have a cold** (감기 걸리다)
= catch[take, get]
a cold

일상생활

13 **have a stuffy nose**

해버 스**터**퓌 노우즈

코가 막히다

I have a stuffy nose.
나 코가 막혔어.

---

14 **have a runny nose**

해버 **뤄**니 노우즈

콧물이 나다

I have a runny nose.
나 콧물 나.

---

15 **go to see a doctor**

고우 투 씨 어 **닥**털

의사에게 가다, 병원에 가다

I went to see a doctor.
나 의사에게 진찰 받으러 갔었어.

He went to see a doctor.
그는 병원에 갔다.

---

16 **go to see a dentist**

고우 투 씨 어 **덴**티스트

치과 진료를 받으러 가다

I went to see a dentist.
나 치과 진료 받으러 갔었어.

I will go to see a dentist.
나 치과에 갈 거야.

17 break

☐
☐ 브뤠익
☐ break-broke-broken

동 부러지다
명 휴식, 중단

I broke my arm.
나 팔 부러졌어.

I broke my finger.
나 손가락 부러졌어.

🔍 break (휴식) =
rest, relaxation

---

18 sprain

☐
☐ 스쁘레인
☐ sprain-sprained-sprained

동 삐다, 접질리다

I sprained my finger.
나 손가락 삐었어.

I sprained my ankle.
나 발목을 접질렸어.

---

19 get a bruise

☐
☐ 게러 브루즈
☐

멍이 들다, 타박상을 입다

I got a bruise.
나 멍 들었어.

---

20 have a scar

☐
☐ 해버 스칼
☐

상처 나다, 흉터가 있다

I have a scar here.
나 여기 상처 났어.

He has a scar on his face.
그는 얼굴에 흉터가 있어.

21 **have acne**

해브 **애**크니

□
□
□

여드름이 나다

I have a lot of acne.
나 여드름이 많아.
**I used to have a lot of
acne on my face.**
난 전에 여드름이 많았어.

---

22 **have a pimple**

해버 **핌**플

□
□
□

뽀루지가 나다

I have a pimple here.
나 여기 뽀루지 났어.
**I have a pimple on my
back.**
나 등에 뽀루지가 났어.

---

23 **hurt**

헐-ㅌ

hurt–hurt–hurt

□
□
□

⑧ 아프다, 아프게 하다
⑨ 다친, 상처를 입은

My feet hurt. 발이 아파.
My hands hurt. 나 손 아파.

---

24 **medical
check-up**

메디컬 췌**껍**

□
□
□

건강 검진, 건강 진단

**I'll go get a medical
check-up.**
나 가서 진찰 받을 거야.

25 **make an appointment**

☐
☐
☐

메이컨 어**포**인먼ㅌ

make-made-made

예약하다, 만날 약속을 하다

I need to make an appointment.
나 예약해야 해.

I have an appointment tomorrow.
나 내일 예약이 있어.

---

26 **get surgery**

☐
☐
☐

겔 **썰**저뤼

수술 받다

I got surgery here.
나 여기서 수술했어.

I got surgery on my knee.
나 무릎 수술했어.

---

27 **sick**

☐
☐
☐

씩

형 아픈

I am sick. 나 몸이 아파.
I feel sick. 나 아파.

🔍 **sickness** 명 질병, 아픔

---

28 **take medicine**

☐
☐
☐

테익 **메**디쓴

take-took-taken

약을 복용하다

I have to take medicine.
나 약 먹어야 해.

Why don't you take some medicine?
약을 좀 먹어 보는 게 어때요?

🔍 **medication** (약)
= medicine

DAY 07

29 painkiller 페인킬럴 — 명 진통제
Did you take a painkiller? 진통제 먹었어?
I need to buy a painkiller. 나 진통제 좀 사야 해.

30 get a shot 게러 샷 — 주사를 맞다
Just get a shot, and you'll be fine. 주사만 한 대 맞으면 괜찮아질 거야.
I got a flu shot. 나 독감 주사 맞았어.

31 prescription 프리스크립션 — 명 처방전, 처방
If you don't have a prescription, you can't get your medicine. 처방전이 없으면 약을 받을 수 없어요.
prescribe 통 처방하다

32 clinic 클리닉 — 명 진료소, (전문 분야) 병원
I'm looking for a dental clinic. 저는 치과를 찾고 있어요.
The health clinic is nearby. 보건소가 근처에 있어요.

일상생활

DAY 07 119

33 pharmacy

팔머시

명 약국

Take your prescription to a pharmacy.
처방전을 약국으로 가져 가세요.

🔍 pharmacy (약국)
= drugstore

---

34 side-effect

사이ㄷ 이**풱**

명 부작용

This pill doesn't have any side-effects.
이 약은 부작용이 없어요.

I'm worried about side-effects.
전 부작용이 걱정돼요.

---

35 symptom

심텀

명 증상, 징후

I have some symptoms.
저는 증상이 좀 있어요.

I have no symptoms.
저는 증상이 없어요.

🔍 symptomatic 형 증상을 보이는

---

36 deposit

디**파**짓

deposit-deposited-deposited

명 예금
동 입금하다, 두다

I'll make a deposit in this bank.
이 은행에 예금을 할 거예요.

I'm here to deposit my money.
제 돈을 입금하러 왔어요.

일
상
생
활

37 account
어카운ㅌ

명 계좌, 장부

I'm here to open an account.
계좌를 개설하러 왔어요.

I have an account in that bank.
나 그 은행에 계좌 있어.

38 get a loan
게러 로운

대출 받다

We need to get a loan from a bank.
우리는 은행 한 곳에서 대출을 받아야 해요.

It takes too long to get a loan.
대출을 받는 데 시간이 너무 오래 걸려요.

get a loan (대출 받다)
= take out a loan

39 mortgage
몰기쥐

명 대출(금), 융자(금)

Your credit is important to get a mortgage.
주택 담보 대출을 받는 데 신용이 중요합니다.

40 interest rate
인터뤠슷 뤠잇

금리, 이자율

What is the interest rate here?
여기 이자율이 어떻게 돼요?

You have to check out the interest rate.
이자율을 확인하셔야 해요.

41 debit card

☐
☐ 데빗 **카**알드
☐

📄 직불 카드

I have a debit card.
저 체크 카드(직불 카드) 있어요.

---

42 PIN number

☐
☐ 핀 **넘**벌
☐

(개인) 비밀번호

Punch in your PIN number.
비밀번호를 입력하세요.

Enter your PIN number.
비밀번호를 누르세요.

---

43 digit

☐
☐ 디짓
☐

📄 (숫자의) 자릿수

Punch in your four-digit PIN number.
4자리 비밀번호를 입력하세요.

Enter your four-digit PIN number.
4자리 비밀번호를 누르세요.

---

44 balance

☐
☐ 밸런스
☐

📄 잔액, 잔고

I check out the balance every day.
저는 매일 잔액을 확인해요.

Your balance is $500.
당신의 잔고는 500달러입니다.

일상생활

45 form
□ 포옴
□
□

명 형식, 양식

Please download the application form online.
온라인에서 신청서를 다운로드 하세요.

46 fill out
□ 퓔라웃
□ fill-filled-filled
□

작성하다, 기재하다

You must fill out the application form first.
반드시 신청서를 먼저 작성하셔야 합니다.

Could you fill out this form, please?
이 양식을 작성해 주시겠습니까?

47 wire
□ 와이얼
□ wire-wired-wired
□

동 송금하다
명 철사, 전선

I will wire you $2,000 right now.
내가 지금 당장 2,000달러 송금할게.

Wire me 100 dollars.
나에게 100달러 송금해 줘.

48 fee
□ 퓌이
□
□

명 수수료, 요금

Do they charge a fee for the service?
그곳은 서비스에 대해 수수료를 부과하나요?

You have to pay a membership fee.
회비를 지불하셔야 합니다.

49 branch
브랜취

☐
☐
☐

명 지점, 지사, 나뭇가지

Do you have a branch in LA?
LA에 지점이 있나요?

Our Seoul branch is the biggest.
저희 서울 지점이 가장 큽니다.

---

50 take
테익

☐
☐
☐

동 타다, 이용하다

I'll take a train.
나 기차를 탈 거야.

Did you take a bus?
버스 탔니?

VOCA

MEMO

| Daily Quiz |

1초 마스터 다음 단어와 그에 알맞은 뜻을 연결해 보세요.

1. dump   •   • a. 차다, 버리다

2. sprain   •   • b. 약국

3. pharmacy   •   • c. 대출(금)

4. mortgage   •   • d. 삐다, 접질리다

5. digit   •   • e. 자릿수

5초 마스터 빈칸에 알맞은 단어를 선택하세요.

| argued | painkiller | balance | broke | symptoms |

6. They _____ a lot.
   그들은 많이 **다퉜어요.**

7. I _____ my finger.
   나 손가락 **부러졌어.**

8. I need to buy a _____.
   나 **진통제** 사야 해.

9. I have no _____.
   저는 **증상**이 없어요.

10. I check out the _____ every day.
    저는 매일 **잔액**을 확인해요.

정답 1. a 2. d 3. b 4. c 5. e
6. argued 7. broke 8. painkiller 9. symptoms 10. balance

DAY

08

DAY 08 MP3 파일

DAY 08 강의

01 take

☐
☐ 테익
☐

🔵 ~에 타다

I'll take a train.
나 기차 탈 거야.
I took a bus. 나 버스 탔어.

02 get in

☐ 게린
☐ get-got-gotten
☐

올라타다

Get in the car! 차에 타!
Get in my car. 내 차에 타.

03 in the back

☐ 인 더 **백**
☐
☐

뒤에

I'll get in the back.
내가 뒤에 탈게.
My children will get in the back.
우리 애들이 뒤에 탈 거야.

04 in the front

☐ 인 더 **프**런ㅌ
☐
☐

앞에

Get in the front! 앞에 타!
I got in the front.
난 앞에 탔어.

05

put in[on]

☐
☐ 푸린
☐
☐ put-put-put

놓다, 두다

Put it in the back.
그거 뒤에 둬.

Put them on the desk.
그것들을 책상에 올려 놔.

06

pull over

☐
☐ 풀**로**벌
☐
☐ pull-pulled-pulled

(차를) 한쪽으로 대다, 세우다

We will pull over there.
우린 저기에 차를 댈 거야.

Pull over the vehicle!
차를 세우세요!

07

start the engine

☐
☐ 스탈 디 **엔**쥔
☐
☐ start-started-started

시동 걸다

I'll go start the engine.
내가 가서 시동 걸게.

How can I start the engine?
시동을 어떻게 걸 수 있지?

08

turn off the engine

☐
☐ 터너-ㅍ 디 **엔**쥔
☐
☐ turn-turned-turned

시동 끄다

Did you turn off the engine?
너 시동 껐어?

Please turn off the engine.
시동을 꺼 주세요.

09 fill up the gas

- [ ] 필 **업** 더 개스
- [ ] fill-filled-filled
- [ ]

가득 주유하다

I need to fill up the gas.
나 가득 주유해야 해.

---

10 drop off

- [ ] 드랍 **어**-ㅍ
- [ ] drop-dropped-dropped
- [ ]

내려 주다, 데려다 주다

Please drop me off at the building.
그 건물에서 저를 내려 주세요.

Drop us off here, please.
저희 여기서 내려 주세요.

---

11 take to

- [ ] **테**익 투
- [ ] take-took-taken
- [ ]

~로 데려가다, ~로 데려다 주다

Take me to the station.
저를 역에 데려다 주세요.

Could you take us to the mart?
저희를 마트에 데려다 주시겠어요?

---

12 change the lane

- [ ] **췌**인쥐 더 레인
- [ ] change-changed-changed
- [ ]

차선을 바꾸다

Could you change the lane to the left?
왼쪽으로 차선 좀 변경해 주시겠어요?

You can change the lane to the right.
오른쪽으로 차선을 변경하셔도 됩니다.

13 traffic light
트래픽 라잇ㅌ

☐
☐
☐

명 신호등

Stop at the traffic light, please.
저 신호등에서 세워 주세요.

Go when the traffic light turns green.
신호등이 녹색으로 바뀌면 가세요.

---

14 crosswalk
크로스워-ㅋ

☐
☐
☐

명 횡단보도

Let's cross at a crosswalk.
횡단보도에서 건너자.

More crosswalks are needed here.
이곳에 더 많은 횡단보도가 필요하다.

---

15 sign
싸인

☐
☐
☐

명 간판, 표지판
동 서명하다

Traffic signs are needed for safety.
교통 표지판들은 안전을 위해 필요하다.

There are so many signs.
표지판들이 아주 많다.

---

16 get off
게러-ㅍ

☐
☐
☐

내리다

She got off the bus.
그녀는 버스에서 내렸다.

I got off at the station.
나 역에서 내렸어.

🔍 **get off** (내리다)
↔ **get in** (오르다, 타다)

17 **get stuck in**

☐
☐ 겟 스**떠**낀
☐

꼼짝 못하게 되다, 갇히다

I got stuck in traffic.
나 교통 체증에 갇혔어.

We will get stuck in a bad situation.
우리는 좋지 않은 상황에 빠지게 될 거야.

18 **traffic**

☐
☐ 트레**픽**
☐

🟡 차량들, 교통(량)

There is always heavy traffic here.
여기는 항상 교통이 혼잡해.

The traffic will be bad.
교통 상황이 나쁠 거야[차가 막힐 거야].

19 **shortcut**

☐
☐ **숏**컷
☐

🟡 지름길

We will take a shortcut.
우리 지름길로 갈 거야.

Do you know any shortcut to the building?
그 건물로 가는 지름길을 아시나요?

20 **parking spot**

☐
☐ **팔**킹 스팟
☐

🟡 주차 공간

Did you find a parking spot there?
거기서 주차 공간을 찾았나요?

The parking spot is available.
그 주차 공간은 이용 가능해요.

일상생활

21 **vacuum**
☐
☐ 붸큠
☐ vacuum-vacuumed-
vacuumed

⑧ 진공 청소기로 청소하다
⑲ 진공

Did you vacuum the floor?
바닥을 진공 청소기로 청소했어?

---

22 **mop**
☐
☐ 맙
☐ mop-mopped-mopped

⑧ 대걸레로 닦다
⑲ 대걸레

Let's mop the floor.
바닥을 대걸레로 닦자.

---

23 **sweep**
☐
☐ 스윕
☐ sweep-swept-swept

⑧ (빗자루로) 쓸다, 청소하다

How about sweeping the floor?
바닥을 빗자루로 쓰는 건 어때?

---

24 **rub**
☐
☐ 뤱
☐ rub-rubbed-rubbed

⑧ 문지르다, 비비다

Rub the stain with a cloth.
얼룩을 천으로 문질러.

25 wipe
□
□ 와잎
□
wipe-wiped-wiped

통 닦다, 지우다
명 닦기

Wipe it with a towel.
그걸 타월로 닦아.

Can you wipe the surface?
표면을 좀 닦아 줄래?

26 clean up
□
□ 클리넙
□
clean-cleaned-cleaned

청소하다, 치우다

Clean up the mess!
엉망인 것 좀 싹 치워!

I have to clean up my room.
난 내 방을 청소해야 해.

27 scrub
□
□ 스크럽
□
scrub-scrubbed-scrubbed

통 (솔로) 문질러 씻다

Scrub the floor to remove the stains.
얼룩이 지워지게 바닥을 솔질해.

Scrub the bathtub with a brush.
솔로 욕조를 문질러 닦아.

28 pile up
□
□ 파일럽
□
pile-piled-piled

쌓다, 쌓이다

Pile up the plates there.
저기에 접시들을 쌓아 놔.

Dishes are piled up in the sink.
그릇들이 싱크대에 쌓여 있어.

🔍 **pile up** (쌓이다) =
accumulate, be stacked (up)

일
상
생
활

29 **smell**
☐
☐ 스멜
☐

ⓢ ~한 냄새가 나다, ~을 냄새 맡다

I can't smell the food.
나는 음식 냄새를 맡을 수 없어.

It smells good[bad].
좋은[좋지 않은] 냄새가 나.

---

30 **make a mess**
☐
☐ 메이커 **메**스
☐ make-made-made

엉망으로 만들다, 망치다

You made a mess in your room.
네 방을 엉망으로 만들었구나.

Don't make a mess of it.
그걸 엉망으로 만들지 마.

---

31 **make bed**
☐
☐ 메익 **베**ㄷ
☐

이불을 개다, 침대를 정리하다

Make your bed when you wake up.
일어나면 잠자리를 정돈해.

I didn't have time to make my bed.
난 침대 정리할 시간이 없었어.

---

32 **dusty**
☐
☐ **더**스티
☐

ⓐ 먼지가 많은

Wipe it out. It is dusty.
그걸 닦아 봐. 먼지가 많아.

The room is very dusty.
방에 먼지가 아주 많아.

🔍 **dust** ⓝ 먼지, 티끌

33 trash

□
□
□

트**뤠**쉬

뗑 쓰레기

The box is full of trash.
그 상자는 쓰레기로 가득해.

There's no trash can[bin] here.
여긴 쓰레기통이 없어요.

🔍 trash (쓰레기) = garbage

---

34 pick up

□
□
□

피**껍**

pick-picked-picked

줍다, 치우다

Could you pick up the trash?
쓰레기 좀 주워 주시겠어요?

Let's pick up the garbage together.
함께 쓰레기를 치우자.

---

35 recycle

□
□
□

뤼**싸**이클

recycle-recycled-recycled

뙁 재활용하다, 재생하다

The paper will be recycled.
그 종이는 재활용될 거예요.

We have to recycle the waste.
우리는 폐품을 재활용해야 해요.

---

36 stain

□
□
□

스테인

뗑 얼룩
뙁 얼룩지다, 더러워지다

How can we remove the stains?
어떻게 얼룩을 제거할 수 있을까?

There's a blue stain on my shirt.
내 셔츠에 파란색 얼룩이 있어.

일상생활

37 special liquid

□
□
□

스페셜 **리퀏**

세척제, 세제

I need some special liquid to remove the stain.
얼룩을 제거하기 위해 세제가 필요해요.

Spray the special liquid on the floor.
바닥에 세척제를 뿌려.

38 mold

□
□
□

모울ㄷ

📖 곰팡이

There's a lot of mold in my house.
우리 집에 곰팡이가 많아요.

Mold can grow easily.
곰팡이는 쉽게 자랄 수 있어.

39 put away

□
□
□

풋 어**웨**이

넣다, 치우다

I have to put things away here.
나 여기 물건들을 정리해야 돼.

Don't forget to put them away.
그것들을 잊지 말고 치워.

40 be a mess

□
□
□

비 어 **메**스

엉망이다, 더럽혀지다

This house is a mess.
이 집은 엉망이다.

I'm a mess.
나 엉망이야.

🔍 **be a mess** (엉망이다)
= be in disorder,
be untidy

41 **do the laundry**

☐ 두 더 **런드뤼**
☐ do-did-done
☐

빨래하다, 세탁하다

I do the laundry every week.
난 매주 빨래를 해.

He asked me to do the laundry.
그가 나에게 빨래해 달라고 부탁했어.

---

42 **do the dishes**

☐ 두 더 **디쉬스**
☐
☐

설거지하다

I'll cook. You do the dishes.
내가 요리할게. 네가 설거지해.

There's no water, so I can't do the dishes.
물이 없어서 설거지를 할 수 없어.

---

43 **take out for**

☐ 테이크 **아웃** 포
☐
☐

~에 데려 가다

I'll take you out for dinner.
내가 너 데려 가서 저녁 사 줄게.

He promised to take me out for a movie.
그가 날 데려 가서 영화를 보여주겠다고 약속했다.

---

44 **It's on me.**

☐ 잇츠 언 **미**
☐
☐

내가 낼게.

It's on me. 내가 낼게.
What do you want to have? It's on me.
뭐 먹고 싶어? 내가 살게.

일상생활

45
☐
☐
☐
get some fresh air
겟 썸 **프**뤠쉬 에얼

신선한 공기를 쐬다

Let's go get some fresh air.
나가서 바람 좀 쐬고 오자.

Why don't you go get some fresh air?
나가서 신선한 바람 좀 쐬고 오는 건 어때?

46
☐
☐
☐
swear
스**웨**얼

swear-swore-sworn

🔊 맹세하다, 선서하다

I swear to God!
신에게 맹세해!

I swear she is really beautiful.
내가 맹세하는데 그녀는 정말 아름다워.

47
☐
☐
☐
swear
스**웨**얼

🔊 욕하다

Don't swear. 욕 하지 마.

He swore at me yesterday.
그가 어제 나에게 욕했어.

48
☐
☐
☐
laugh at
래**펫**

laugh-laughed-laughed

비웃다

Don't laugh at me.
날 비웃지 마.

He laughed at my style.
그가 내 스타일을 비웃었어.

🔍 **laugh at** (비웃다) = **mock, sneer (at)**

49 **bully**
불리

bully-bullied-bullied

동 괴롭히다, 왕따시키다

He bullied my cousin.
그가 내 사촌을 괴롭혔어요.

The whole class bullied me.
모든 학생들이 나를 왕따시켰어요.

---

50 **look down on**
룩 **다**운 언

look-looked-looked

얕보다, 깔보다

Don't look down on me.
날 얕보지 마.

She looks down on the poor.
그녀는 가난한 사람들을 깔본다.

🔍 **look down on** (얕보다)
= **make light of**

| Daily Quiz |

1초 마스터 다음 단어와 그에 알맞은 뜻을 연결해 보세요.

1. pull over •   • a. 괴롭히다

2. crosswalk •   • b. (차를) 세우다

3. pile up •   • c. 쌓다, 쌓이다

4. trash •   • d. 횡단보도

5. bully •   • e. 쓰레기

5초 마스터 빈칸에 알맞은 단어를 선택하세요.

dusty   mold   scrub   stain   sweeping

6. _____ can grow easily.
   곰팡이는 쉽게 자랄 수 있어.

7. How can we remove the _____?
   어떻게 **얼룩**을 제거할 수 있을까?

8. The room is very _____.
   방에 **먼지**가 아주 **많아**.

9. _____ the bathtub with a brush.
   솔로 욕조를 **문질러서 닦아**.

10. How about _____ the floor?
    바닥을 **빗자루로 쓰는 건** 어때?

정답 1. b 2. d 3. c 4. e 5. a
6. Mold 7. stain 8. dusty 9. Scrub 10. sweeping

DAY

09

DAY 09 MP3 파일

DAY 09 강의

01 demanding
디맨딩

- 형 요구가 많은, 까다로운

My daughter is a very demanding child.
제 딸은 너무 까다로운 아이예요.

My nephew is very demanding.
제 조카는 요구가 너무 많아요.

02 get in trouble
겟 인 트러블
get-got-gotten

- 말썽 피우다, 곤란에 처하다

Don't get in trouble.
말썽 피우지 마.

My son always gets in trouble.
우리 아들은 항상 말썽을 피워요.

03 silly
씰리

- 형 바보 같은, 어리석은

Don't be silly.
바보 같이 굴지 마.

That was a silly question.
그건 어리석은 질문이었어.

04 ridicule
뤼디큘
ridicule-ridiculed-ridiculed

- 동 비웃다, 조롱하다
- 명 조롱, 조소

Don't ridicule other people.
다른 사람들을 조롱하지 마.

He was ridiculed for a mistake.
그는 실수 때문에 조롱당했다.

일상생활

05 **ignore**

☐
☐ 이그**노**올
☐
ignore-ignored-ignored

⬛ 무시하다

When I called him, he just ignored me.
내가 그를 불렀을 때, 그가 그냥 날 무시했어.

He ignored the "No Parking" sign.
그는 '주차 금지' 표지판을 무시했다.

06 **tolerate**

☐
☐ **톨**러뤠잇
☐
tolerate-tolerated-tolerated

⬛ 참다, 용인하다

I cannot tolerate this.
나 이거 그냥 넘어갈 수 없어.

His behavior will not be tolerated.
그의 행동은 용인되지 않을 것이다.

07 **blame**

☐
☐ **블**레임
☐
blame-blamed-blamed

⬛ 탓하다, 비난하다

Don't blame yourself for her death.
그녀의 죽음에 대해 네 자신을 탓하지 마.

You shouldn't blame others.
다른 사람들을 탓하지 말아야 해.

08 **make an excuse**

☐
☐ 메이껀 익스**큐**즈
☐
make-made-made

변명하다

Are you trying to make an excuse now?
지금 변명을 하려는 거야?

She made an excuse for being late.
그녀는 늦은 것에 대해 변명했다.

09 fault
찔트

☺ 잘못, 실수

It was my fault.
그건 내 잘못이었어.

It's nobody's fault.
그건 누구의 잘못도 아냐.

10 devastated
데버스테이딧

☺ 망연자실한, 황폐해진

Everybody was devastated by the news.
모두가 그 소식에 망연자실했어요.

The country was devastated by the war.
그 나라는 전쟁으로 황폐화되었다.

🔍 **devastate** ⑧ 큰 충격을 주다

11 attack
어택

attack-attacked-attacked

⑧ 공격하다
☺ 폭행, 공격

They attacked the policemen.
그들이 경찰을 공격했다.

They were attacked by some bears.
그들은 몇몇 곰들에게 공격 받았다.

12 mess with
메스 윗

mess-messed-messed

까불다, 골탕 먹이다

Don't mess with me.
까불지 마라.

You shouldn't mess with him.
그를 골탕 먹이지 말아야 해.

일상생활

13 slice

☐ 슬라이쓰

☐ slice-sliced-sliced

☐

ⓥ 얇게 썰다

Some onions will be sliced.
몇몇 양파가 얇게 썰릴 것이다.

Slice it into pieces.
그걸 여러 조각으로 얇게 썰어.

---

14 dice

☐ 다이쓰

☐ dice-diced-diced

☐

ⓥ 깍둑썰기하다

Dice the meat first.
그 고기를 먼저 깍둑썰기하세요.

Could you dice the vegetables?
채소를 깍둑썰기해 주시겠어요?

---

15 spread

☐ 스쁘렛

☐ spread-spread-spread

☐

ⓥ 펴바르다

Spread the jam on the bread.
그 빵에 잼을 펴바르세요.

You should spread it evenly.
그걸 고르게 펴바르셔야 해요.

---

16 put in

☐ 푸린

☐ put-put-put

☐

넣다

I put in some onions.
양파를 좀 넣었어요.

Don't forget to put in some more.
잊지 말고 그걸 좀 더 넣어 주세요.

17 season

씨즌

season-seasoned-seasoned

등 양념하다, 양념을 넣다

Season the beef with salt and pepper.
소고기에 소금과 후추를 넣어.

Do you know how to season it?
그걸 어떻게 양념하는지 아세요?

18 cut in half

컷 인 해프

cut-cut-cut

반으로 자르다

Can you cut it in half?
그걸 반으로 잘라 주시겠어요?

I'll cut that in half.
내가 그걸 반으로 자를게.

19 take a bite

테이커 바잇ㅌ

take-took-taken

한 입 먹다

I took a bite.
나 한 입 먹었어.

Why don't you take a bite?
한 입 먹어 보는 게 어때?

20 take a sip

테이커 씹

한 모금 마시다

I took a sip.
나 한 모금 마셨어.

Let me take a sip.
한 모금만 마셔 보자.

🔍 take a sip (한 모금 마시다)
= have a sip

일상생활

21 dip
딥

dip-dipped-dipped

⑧ 살짝 담그다

Dip it in the sauce.
그걸 소스에 찍어.

He dipped it into the soup.
그는 그것을 수프에 살짝 담갔다.

22 marinate
매뤼네이트

marinate-marinated-
marinated

⑧ (양념장에) 재워 놓다

**Marinate it with some
sauce.**
그거 소스에 재워 놔.

**It will be marinated for
2 days.**
그건 이틀 동안 양념장에 재워질
것이다.

23 ferment
퓔멘트

ferment-fermented-
fermented

⑧ 발효시키다, 발효되다

**The food has to be
fermented.**
그 식품은 발효되어야 해요.

**It will take a few weeks
to ferment them.**
그것들을 발효시키는 데 몇 주 걸릴
것이다.

24 keep
키입

keep-kept-kept

⑧ 보관하다, 넣다

Let's keep it cool.
그걸 시원하게 보관하자.

25 outside
아우**싸**이드

🔵 밖에, 바깥에
🔵 밖, 바깥쪽

Keep it outside.
그걸 밖에 보관해.

**Do I have to keep it
outside?**
그걸 밖에 보관해야 해?

26 sprinkle
스쁘링클

sprinkle–sprinkled–
sprinkled

🔵 뿌리다

**Sprinkle some powder on
it.**
그 위에 가루를 좀 뿌려.

**He sprinkled the food
with salt.**
그는 음식에 소금을 뿌렸다.

27 a pinch of
어 **핀**취 어ㅂ

약간의, 한 줌의

Put in a pinch of salt.
소금을 한 줌 넣으세요.

28 peel
피일

peel–peeled–peeled

🔵 껍질을 벗기다

Peel the apple.
사과 껍질 까도록 해.
Peel it. 그것의 껍질을 벗겨.

일
상
생
활

29 stove
□
□ 스토ㅂ
□

⊗ 가스레인지

Turn on the stove.
가스레인지를 켜세요.

Don't forget to turn off the stove.
가스레인지를 끄는 것을 잊지 마세요.

30 let it cool
□
□ 레릿 쿨
□

그것을 식히다

Let it cool for a bit.
잠깐 동안 그것을 식혀 주세요.

Take it outside, and let it cool.
그걸 밖으로 가져 가서 식혀.

31 microwave
□
□ 마이크로웨이ㅂ
□
microwave-microwaved-microwaved

⊗ 전자레인지로 요리하다

Just microwave it.
그냥 전자레인지에 돌려.

Can I microwave this?
이거 전자레인지에 돌려도 돼요?

32 heat up
□
□ 힛업
□
heat-heated-heated

⊗ 데우다

Heat it up. 그것 좀 데워.
I will heat this up.
내가 이거 데울게.

○ **heat up** (데우다)
= warm up

33 pour in

☐
☐
☐

포얼 인

pour-poured-poured

따르다, 붓다

Pour in some water, please.
물을 좀 부어 주세요.

Can I pour in some more for you?
좀 더 따라 드릴까요?

---

34 throw away

☐
☐
☐

쓰로우 어**웨**이

throw-threw-thrown

버리다

Please throw away this water.
이 물 좀 버려 주세요.

The food will be thrown away.
그 음식은 버려질 것이다.

🔍 **throw away** (버리다)
= throw out, dump

---

35 leave some water

☐
☐
☐

리-ㅂ 썸 **워**러

leave-left-left

물을 좀 남기다

Leave some water.
물을 좀 남겨 주세요.

Don't drink it all. Leave some, please.
그것을 다 마시지 마세요. 좀 남겨 주세요.

---

36 fill up

☐
☐
☐

필럽

fill-filled-filled

가득 채우다

Please fill it up with water.
그것을 물로 가득 채워 주세요.

It is filled up with food.
그것은 음식으로 가득 차 있어요.

일상생활

37 drain

☐
☐ 드뤠인
☐

drain-drained-drained

동 (물이) 빠지다, (물을) 빼내다

The water will drain through it.
물이 그것을 통해 빠져 나올 거예요.

When I do the dishes, water sometimes doesn't drain.
가끔 설거지를 할 때, 물이 안 빠져요.

---

38 simmer

☐
☐ 씨멀
☐

simmer-simmered-simmered

동 끓다, 끓이다

Simmer on low heat for about 1 hour.
약한 불에 약 1시간 정도 끓이세요.

Leave it to simmer more.
그것이 더 끓도록 두세요.

---

39 Help yourself.

☐
☐ 헬프 유얼셀ㅍ
☐

많이 드세요.

(Please) Help yourself.
많이 드세요[마음껏 드세요].

---

40 Thanks for ~.

☐
☐ 땡쓰 폴
☐

~에 감사합니다.

Thanks for the great food.
맛있는 음식 감사히 먹겠습니다 [감사히 먹었습니다].

Thanks for the meal.
잘 먹겠습니다[잘 먹었습니다].

41 **knock down**

☐ 넉 다운
☐
☐ knock-knocked-knocked

쓰러뜨리다, 때려 부수다

The cup was knocked down.
컵이 쓰러졌어요.

Try not to knock them down.
그것들을 쓰러뜨리지 않도록 하세요.

---

42 **spill out**

☐ 스삘 아웃
☐
☐ spill-spilled[spilt]-
spilled[spilt]

쏟아지다, 털어놓다

The water spilled out of the tank.
물이 저장 탱크에서 쏟아져 나왔어요.

---

43 **remove**

☐ 뤼무-ㅂ
☐
☐ remove-removed-removed

동 제거하다, 없애다

The wine was spilled on the shirt, so I tried to remove it.
와인이 셔츠에 쏟아져서, 저는 그걸 없애려고 했어요.

How can I remove the stain?
그 얼룩을 어떻게 없앨 수 있죠?

🔍 **removal** 명 제거

일상생활

44 go away
- [ ] 고우 어**웨**이
- [ ] go-went-gone
- [ ]

없어지다

This stain doesn't go away.
이 얼룩은 안 지워져요.

That bad smell hasn't gone away.
그 이상한 냄새가 없어지지 않았어.

45 fall off
- [ ] 풜 **어**-ㅍ
- [ ] fall-fell-fallen
- [ ]

빠지다

The wheel fell off.
바퀴가 빠졌어.

The diamond fell off.
다이아몬드가 빠졌어.

46 put in the straw
- [ ] 푸린 더 **스**트뤄
- [ ]
- [ ]

빨대를 꽂다

Put in the straw, please.
빨대를 꽂아 주세요.

Could you put in the long straw?
긴 빨대를 꽂아 주시겠어요?

47 watery
- [ ] **워**러리
- [ ]
- [ ]

❸ 묽은, 물 같은

This is too watery.
이거 너무 묽어.

Watery soup has been served.
묽은 수프가 제공되었다.

48 thick

씩

☐ 걸쭉한, 맛이 진한

It's a bit thick, so add some water.
약간 걸쭉하니까 물을 좀 추가해.

Make it as thick as possible.
가능한 한 걸쭉하게 만들어.

---

49 bland

블랜드

☐ 맛이 싱거운, 자극적이지 않은

The food was bland.
음식이 싱거웠어요.

It tastes bland to me.
저에게는 싱거운 맛이 나요.

🔍 bland (싱거운)
= insipid, flat

---

50 I like it.

아이 **라**이킷.

마음에 들어요.

It's really good. I like it.
정말 맛있네요. 마음에 들어요.

● **1초 마스터** 다음 단어와 그에 알맞은 뜻을 연결해 보세요.

1. blame •   • a. 잘못, 실수

2. fault •   • b. (양념에) 재워 놓다

3. marinate •   • c. (물이) 빠지다

4. drain •   • d. 비난하다

5. watery •   • e. 물 같은

● **5초 마스터** 빈칸에 알맞은 단어를 선택하세요.

simmer   bland   slice   stove   remove

6. The food was _____.
   음식이 **싱거웠어요**.

7. How can I _____ the stain?
   그 얼룩을 어떻게 **없앨** 수 있죠?

8. Leave it to _____ more.
   그것이 더 **끓도록** 놔두세요.

9. Turn on the _____.
   가스레인지를 켜세요.

10. _____ it into pieces.
    그걸 여러 조각으로 **얇게 썰어**.

정답 1. d 2. a 3. b 4. c 5. e
6. bland 7. remove 8. simmer 9. stove 10. Slice

DAY

10

DAY 10 MP3 파일

DAY 10 강의

01 flavor
플레이벌

☐
☐
☐

📷 맛, 풍미

It has a banana flavor.
이거 바나나 맛이 나요.

What flavor do you want?
무슨 맛을 원하세요?

02 crispy
크뤼스피

☐
☐
☐

📷 바삭바삭한

I love crispy chicken.
난 바삭바삭한 치킨을 정말 좋아해.

It's good because it's crispy.
바삭바삭해서 맛있어.

03 refreshing
뤼프레싱

☐
☐
☐

📷 개운한, 상큼한

It tastes refreshing.
상큼한 맛이 나.

Do you have any refreshing juice?
상큼한 주스가 있나요?

🔍 refresh ⑧ 상쾌하게 하다
refreshingly ⑨ 상쾌하게

04 spicy
스빠이씨

☐
☐
☐

📷 매운, 양념 맛이 강한

It tastes spicy.
매운 맛이 나.

I'm not a big fan of spicy food.
저는 매운 음식을 좋아하지 않아요.

일상생활

05 **put salt in**
□
□ 풋 **쏠**ㅌ 인
□ put-put-put

소금을 넣다

They put too much salt in it.
소금을 너무 많이 넣었어.

---

06 **sugary**
□ **슈**거뤼
□
□

혱 설탕이 든, 달콤한

I don't like it. It's too sugary.
이거 별로야. 너무 달아.

---

07 **fatty**
□ **풰**디
□
□

혱 지방이 많은

It looks fatty.
기름기가 많아 보여.

Try to avoid fatty food.
기름진 음식을 피하도록 해.

🔍 **fattiness** 몡 기름기가 많음

---

08 **It's cold.**
□ 이츠 **코**울ㄷ
□
□

이거 식었어.

It's cold, but you want it?
이거 식었는데 먹을래?

It's cold, but I will eat it.
이거 식긴 했지만, 내가 먹을게.

09 disgusting
디스**거**스팅

⑱ 역겨운, 구역질 나는

It tastes disgusting.
이거 역겨운 맛이 나.

I think it smells disgusting.
역겨운 냄새가 나는 것 같아.

10 It tastes like ~.
잇 **테**이스츠 라익

~한 맛이 나.

It tastes like chocolate.
이거 초콜릿 맛이 나.

Does it taste like shrimp?
새우 맛이 나나요?

11 better (than)
베럴 (댄)

(~보다) 더 나은, 더 맛있는

This tastes better (than that).
(저것보다) 이게 더 맛있어.

Which cake is better?
어느 케이크가 더 맛있나요?

12 don't [doesn't] taste good
돈[더즌] **테**이슷 굳

~ 맛이 별로야

It doesn't taste good.
이거 맛이 별로야.

The food didn't taste good at all.
그 음식은 전혀 맛있지 않았어.

일상생활

13 **It was okay.**
잇 워즈 오케이.

☐
☐
☐

그럭저럭 괜찮았어, 나쁘지는
않았어.

**It was okay, but I didn't
like it very much.**
나쁘진 않았지만, 썩 맘에 들진
않았어.

14 **try**
트라이

☐
☐
☐

try-tried-tried

⑧ (한번) 먹어 보다, 해 보다,
노력하다

**Would you like to try this
coffee?**
이 커피 한번 드셔 보시겠어요?

I've never tried it before.
그건 한 번도 먹어 본 적이 없어.

15 **allergic to**
앨러쥑 투

☐
☐
☐

~에 알레르기가 있는

**My father is allergic to
pork.**
저희 아버지는 돼지고기
알레르기가 있으세요.

**I am allergic to abalone
and shrimp.**
저는 전복과 새우에 알레르기가
있어요.

16 **too much**
투 **머취**

☐
☐
☐

(양이) 너무 많이, 과도하게

It's too much.
이거 양이 너무 많아

It's too much for me.
나한테는 양이 너무 많아.

17 **chew**
☐ 츄
☐ chew-chewed-chewed
☐

동 씹다

It's difficult to chew it.
그거 씹기 힘들어.

Try to chew your food well.
음식을 잘 씹도록 해.

---

18 **swallow**
☐ 스왈로우
☐ swallow-swallowed-swallowed
☐

동 삼키다

Don't chew it. Just swallow it.
씹지 마세요. 그냥 삼키세요.

You must not swallow this.
이거 절대 삼키지 마세요.

---

19 **try it with ~**
☐ 트라잇 윗
☐ try-tried-tried
☐

~와 같이 드셔 보세요

Try it with coffee.
커피랑 같이 드셔 보세요.

Try it with chocolate.
초콜릿이랑 같이 드셔 보세요.

---

20 **a lot**
☐ 얼 랏
☐
☐

많이

I had it a lot.
나 그거 많이 먹었어.

I studied a lot.
나 공부 많이 했어.

21 a little

어 **리**를

조금

I had a little of it.
나 그거 조금 먹었어.

I slept a little.
나 조금 잤어.

22 all the time

올 더 **타**임

항상

I ate it all the time.
나 그거 항상 먹었어.

He is talkative all the time.
그는 늘 말이 많아.

23 sometimes

썸타임즈

🔊 가끔, 때때로

I sometimes work here.
나는 가끔 여기서 일해.

I sometimes go to the gym.
나는 때때로 체육관에 가.

24 usually

유절리

🔊 보통, 대개

I usually work here.
난 보통 여기서 일해.

They usually use this.
그들은 보통 이걸 사용해.

🔍 **usual** 🔊 일상의, 평상적인
unusually 🔊 이례적으로,
평상시와 달리

25 probably
프**롸**버블리

🔊 아마

He is probably right.
그가 아마 맞을 거야.

This is probably wrong.
이건 아마 틀렸을 거야.

🔍 probable ⑱ 있음직한,
개연성 있는
probability ⑲ 가능성

26 absolutely
앱쏠룰리

🔊 확실히, 전적으로

This is absolutely more expensive.
이게 확실히 더 비싸.

I absolutely agree.
나 전적으로 동의해.

🔍 absolute ⑱ 완전한, 확실한
absolutely (전적으로)
= surely, totally,
completely

27 definitely
데**퓌**닛리

🔊 확실히, 분명히

You are definitely smart.
너는 분명 똑똑해.

This is definitely good.
이거 확실히 맛있어.

28 for sure
포 **슈**월

확실히, 틀림없이

She's coming for sure.
그녀는 확실히 올 거야.

I'll buy that for sure.
나 틀림없이 저걸 살 거야.

일상생활

29 most likely
머슷 **라**이클리

□
□
□

가능성이 큰, 공산이 있는

He is most likely coming.
그는 올 가능성이 커.

Most likely, she likes him.
그녀가 그를 좋아할 가능성이 커.

---

30 rarely
뤠얼리

□
□
□

🔊 좀처럼 ~ 않는

He is rarely late.
그는 좀처럼 늦지 않아.

He rarely gets angry.
그는 좀처럼 화내지 않아.

🔍 rare ⑧ 드문
rarely (좀처럼 ~ 않는)
= seldom, hardly

---

31 recently
뤼쓴리

□
□
□

🔊 최근에

I recently bought this.
나 최근에 이걸 샀어.

**Have you recently taken
an online class?**
최근에 온라인 강좌 들은 적 있어?

🔍 recent ⑧ 최근의

---

32 just now
저스트 **나**우

□
□
□

방금, 지금 당장

He left just now.
그는 방금 떠났어.

I got here just now.
나 여기 방금 왔어.

33 currently
커뤈리

🔸 현재, 지금

Currently, I live in Seoul.
현재, 저는 서울에 살고 있어요.

I currently have no job.
나 지금 직장[일]이 없어.

🔍 **current** 🔹 현재의
🔹 경향, 흐름

34 immediately
이**미**디엇리

🔸 즉시, 즉각적으로

You have to leave immediately.
즉시 떠나셔야 해요.

Call me immediately if you have a problem.
문제가 있으면 저에게 즉시 전화 주세요.

35 fortunately
폴츄닛리

🔸 다행히, 운 좋게

I got a bonus, fortunately.
운 좋게 보너스를 받았어요.

I fortunately got an A.
난 다행히 A를 받았어.

SCHOLARSHIP

36 basically
베이시컬리

🔸 기본적으로, 근본적으로

Basically, he is your friend.
기본적으로, 그는 네 친구잖아

Basically, they are family.
근본적으로, 그들은 가족이야.

🔍 **base** 🔹 근거를 두다
🔹 기초, 기반
basic 🔹 기본의, 기초적인

일상생활

37 eventually
이**벤**츄얼리

🔹 결국

Eventually, I got there.
결국, 난 그곳에 도착했어.

I eventually learned how to do it.
난 결국 그걸 하는 법을 배웠어.

38 initially
이**니**쉬얼리

🔹 처음에, 초기에

Initially, I didn't have a car.
처음에 난 차가 없었어.

Ten people initially participated in it.
초기에는 10명의 사람들이 그것에 참여했다.

🔍 **initial** 📎 처음의, 초기의

39 for the first time
포 더 **풜**스트 타임

처음으로

I went to the shop for the first time.
난 그 매장에 처음으로 갔다.

For the first time in my life, I'm here in Osaka.
난생 처음으로 전 여기 오사카에 왔어요.

40 for a long time
포 러 **롱** 타임

오랫동안, 장기간

For a long time, I loved her.
오랫동안 난 그녀를 사랑했어.

We were together for a long time.
우리는 오랫동안 함께 했어요.

41
☐
☐
☐

for a short period of time
포러 **숏** 피뤼언 어ㅂ **타임**

짧은 시간 동안

I loved her for a short period of time.
나는 그녀를 짧게 사랑했지.

For a short period of time, we were together.
짧은 시간 동안 우리는 함께였어.

42
☐
☐
☐

for quite a long time
포 **콰**잇 어 **롱** 타임

꽤 오랫동안

For quite a long time, I lived in Seoul.
꽤 오랫동안 난 서울에 살았어.

We traveled for quite a long time.
우리는 꽤 오랫동안 여행을 했어.

43
☐
☐
☐

at once
앳 **원**스

즉시, 동시에

You have to finish it at once.
너 그거 즉시 끝내야 해.

Should I do those things at once?
제가 그것들을 동시에 해야 하나요?

44
☐
☐
☐

actually
액슈얼리

🔊 사실, 실제로

He's actually my friend.
그는 사실 내 친구야.

Actually, I can't go.
사실, 난 갈 수 없어.

🔍 **actual** ⑱ 실제의
actuality ⑲ 실제, 사실

일상생활

45 exactly
이그**잭**틀리

⬚
⬚
⬚

🔊 정확히, 꼭

You are exactly right.
네가 정확히 맞아.

I don't know exactly what to do.
난 정확히 뭘 해야 하는지 모르겠어.

🔍 **exact** 형 정확한

46 certainly
썰튼리

⬚
⬚
⬚

🔊 확실히, 분명히

He is certainly the best.
그는 확실히 최고야.

We certainly enjoyed it.
우리는 분명히 그것을 즐겼어요.

🔍 **certain** 형 확실한
certainty 명 확실성

47 regularly
뤠귤럴리

⬚
⬚
⬚

🔊 정기적으로, 규칙적으로

He visits us regularly.
그는 정기적으로 우리를 방문해요.

I regularly eat here.
난 규칙적으로 여기서 밥을 먹어.

🔍 **regular** 형 정기적인, 규칙적인
regulate 동 규제하다
regularly (정기적으로) ↔
irregularly (불규칙적으로)

48 constantly
컨스턴리

□
□
□

🔊 끊임없이, 거듭

Trends are constantly changing.
트렌드가 끊임없이 바뀌고 있어요.

He constantly asks questions.
그는 쉼없이 질문을 해요.

🔍 constant ⓐ 끊임없는

49 especially
이스페셜리

□
□
□

🔊 특히, 특별히

I especially like this version.
저는 특히 이 버전이 마음에 들어요.

It is especially hot today.
오늘은 특히 더워요.

🔍 especially (특히) =
specially, particularly

50 typically
티피컬리

□
□
□

🔊 보통, 일반적으로

They are typically good for children.
그것들은 보통 아이들에게 좋아요.

We don't typically use this color.
우리는 일반적으로 이 색상을 사용하지 않아요.

🔍 typical ⓐ 전형적인, 일반적인
typically (보통)
= generally

VOCA

MEMO

| Daily Quiz |

1초 마스터 다음 단어와 그에 알맞은 뜻을 연결해 보세요.

1. flavor •   • a. 삼키다

2. sugary •   • b. 설탕이 든

3. swallow •   • c. 좀처럼 ~않는

4. rarely •   • d. 확실히, 분명히

5. certainly •   • e. 맛, 풍미

5초 마스터 빈칸에 알맞은 단어를 선택하세요.

> exactly initially at once recently actually

6. I don't know ＿＿＿＿＿＿＿ what to do.
   난 **정확히** 뭘 해야 하는지 모르겠어.

7. Should I do those things ＿＿＿＿＿＿＿?
   그것들을 **동시에** 해야 하나요?

8. ＿＿＿＿＿＿＿, I didn't have a car.
   처음에 난 차가 없었어.

9. He's ＿＿＿＿＿＿＿ my friend.
   그는 **사실** 내 친구야.

10. I ＿＿＿＿＿＿＿ bought this.
    나 **최근에** 이걸 샀어.

DAY

11

DAY 11 MP3 파일

DAY 11 강의

01 check in

☐
☐
☐

쳌인

check-checked-checked

체크인 하다

check-in counter
체크인 카운터

I'd like to check in.
저 체크인 하고 싶어요.

02 check out

☐
☐
☐

쳌아웃

체크아웃 하다

I'd like to check out.
저 체크아웃 하고 싶어요.

What time is check-out?
체크아웃 시간 몇 시죠?

03 boarding

☐
☐
☐

볼딩

ⓝ 탑승

boarding gate
탑승 게이트

Here is my boarding pass.
여기 제 탑승권입니다.

🔍 **board** ⓥ 탑승하다

04 fragile

☐
☐
☐

프레즐

ⓐ 깨지기 쉬운, 연약한

It's fragile.
이것은 깨지기 쉽습니다.

She is not fragile.
그녀는 연약하지 않아요.

🔍 **fragile** (약한) =
    weak, frail, feeble

여
행

05 **one-way**

□
□ 원웨이
□

혱 한쪽으로만 가는,
일방통행의

one-way ticket 편도 티켓
This is a one-way street.
여기는 일방통행입니다.

---

06 **round trip**

□
□ **라운**ㄷ 트립
□

몡 왕복 여행

round trip ticket
왕복 여행 티켓
**She bought a round trip
ticket.**
그녀는 왕복 여행 티켓을 샀다.

---

07 **travel**

□
□ 트래블
□

통 여행하다, 이동하다
몡 여행, 이동

I traveled alone.
나는 혼자 여행 갔다 왔어.
I traveled the world.
나는 세계일주를 했어.

---

08 **trip**

□
□ 트립
□

몡 (비교적 짧은) 여행, 이동

field trip 견학, 현장 학습
She went on a trip.
그녀는 여행을 갔어.

🔍 **trip** (여행) =
journey, tour, outing

09 tour
투어ㄹ

® (목적지 위주의) 여행, 관광

guided tour
가이드가 있는 여행

I went on a museum tour.
나 박물관 여행 갔다 왔어.

10 flight
플라이ㅌ

® 항공편, 비행

How was your flight?
당신의 비행은 어땠나요?

It was a long flight.
그것은 긴 비행이었어요.

🔍 **flight number** 비행편 번호
direct flight 직항
connected flight 환승편

11 delay
딜레이

® 지연, 연기

a delay of two hours
두 시간 지연

There's no time for delay.
미룰 시간이 없다.

12 destination
데스티네이션

® 도착지, 목적지

final destination 최종 도착지
Where is your destination?
너의 목적지가 어디야?

13 pack
□
□ 팩
□

⑧ 짐을 싸다, 포장하다

pack some winter clothes
겨울옷을 좀 싸다

Did you pack your bag?
가방 다 쌌어?

여행

14 unpack
□
□ 언팩
□

⑧ 짐을 풀다, 꺼내다

Did you unpack your bag?
너 짐을 다 풀었니?

I unpacked my bag.
나는 가방을 다 풀었어.

15 extra
□
□ 엑스트라
□

⑱ 여분의, 추가의

extra blanket 여분의 담요

Can I get an extra napkin?
냅킨 좀 더 주세요.

16 contact
□
□ 컨택트
□

⑱ 연락, 접촉
⑧ 연락하다

my contact information
나의 연락처

**Can you give me your
contact information?**
당신의 연락처를 주실 수
있으세요?

17 put on
풋 온

~에 놓다

Put it on the scale.
저울 위에 그걸 올려.

Put my key on the table.
테이블에 내 열쇠 올려줘.

---

18 lose
루즈

lose-lost-lost

⑧ 잃어버리다, 분실하다

lost and found 분실물 센터
I lost my wallet.
지갑을 잃어버렸어.

🔍 **loss** ⑲ 분실, 손실
lost ○ 분실된, 길을 잃은

---

19 seat
씰

⑲ 좌석, 자리
⑧ 앉다, 앉히다

seatbelt 안전벨트
A window seat, please.
창가석 부탁드려요.

🔍 **window seat** 창가석
aisle seat 통로석

---

20 aisle
아일

⑲ 통로, 복도

aisle seven 7번 통로
Do you prefer an aisle seat?
통로석 선호하십니까?

21 **I'm good.**
아임 굿
☐ ☐ ☐

(거절의) 괜찮습니다.

Q: Would you like some juice?
주스 좀 드실래요?

A: I'm good.
전 괜찮아요.

여행

---

22 **flight attendant**
플라잍 어텐던ㅌ
☐ ☐ ☐

명 승무원

I asked a flight attendant for help.
내가 승무원에게 도움을 요청했어.

He asked a flight attendant for water.
그는 승무원에게 물을 요청했어.

---

23 **take off**
테익 어-ㅍ
☐ ☐ ☐

(비행기가) 이륙하다, 출발하다, 떠나다

I take off at three.
나는 세 시에 떠난다.

What time does she take off?
그녀는 몇 시에 떠나니?

---

24 **switch**
스윗치
☐ ☐ ☐

동 바꾸다, 전환하다
명 전환

switch rooms 방을 바꾸다
I would like to switch seats.
저는 자리를 바꾸고 싶어요.

🔍 **switchable** 형 전환할 수 있는

25 need a hand

☐ 니더 핸ㄷ
☐
☐

도움이 필요하다

Do you need a hand?
도움이 필요한가요?

I don't need a hand.
저는 도움이 필요하지 않아요.

---

26 give a hand

☐ 기버 핸ㄷ
☐
☐

도움을 주다

Can you give me a hand?
나 좀 도와줄 수 있어?

I can give you a hand later.
나중에 도와줄게.

---

27 store

☐ 스**토**어-ㄹ
☐
☐

동 보관하다, 저장하다
명 상점

store in the overhead bin
기내칸에 보관하다

I will store this in the box.
나는 이걸 상자에 보관할 거야.

---

28 limit

☐ **리**밑
☐
☐

명 제한, 한계
동 제한하다, 한정하다

What is the weight limit?
무게 제한이 얼마죠?

Is this over the weight limit?
이거 무게 제한을 초과했나요?

🔍 **limit** (제한하다) = restrict

29 extra charge
엑스트라 찰쥐

명 추가 비용

extra charge for the service
서비스에 대한 추가 비용

No extra charge.
추가 비용은 없습니다.

🔍 **charge** 명 요금, 책임
동 청구하다

30 change
체인쥐

동 바꾸다, 변경하다
명 변화, 변경

change my job
나의 직업을 바꾸다

I have to change my schedule.
저는 일정을 변경해야 해요.

31 domestic
더메스틱

형 국내의, 가정의

domestic flight 국내선
domestic product 국내 제품

32 international
인털내셔널

형 국제의, 국제적인

international flight
국제 항공편

international problem
국제 문제

🔍 **internationally**
부 국제적으로
internationalize
동 국제화하다

33 baggage
☐
☐ 배기쥐
☐

명 짐, 수하물

carry-on baggage
기내 수하물

baggage claim
수하물 찾는 곳

---

34 passport
☐
☐ 패쓰폴-ㅌ
☐

명 여권

Can I see your passport?
당신의 여권을 볼 수 있을까요?

He lost his passport.
그는 여권을 잃어버렸어.

---

35 arrive
☐
☐ 어롸이브
☐

동 도착하다

What time do you arrive?
너 몇 시에 도착해?

They arrive at one.
그들은 한 시에 도착합니다.

🔍 arrival 명 도착
arrive (도착하다) =
reach, come

---

36 depart
☐
☐ 디팔트
☐

동 출발하다, 떠나다

She departs at seven.
그녀는 일곱 시에 출발해.

**What time does he
depart?**
그는 언제 출발하나요?

🔍 departure 명 출발

여행

37 permitted
펄**미**티ㄷ

형 허가된, 허용된

Those are permitted.
저것들은 허용됩니다.

These are not permitted.
이것들은 허용되지 않습니다.

🔍 **permit** 동 허가하다
명 허가증
permission 명 허가, 허락

38 prohibited
프로**히**비티ㄷ

형 금지된

prohibited item
금지된 제품

Smoking is prohibited.
흡연은 금지됩니다.

🔍 **prohibit** 동 금하다, ~하지
못하게 하다
prohibition 명 금지

39 throw
뜨**로**우

동 열다, 벌이다

He likes to throw parties.
그는 파티 여는 것을 좋아한다.

**We'll throw a surprise
birthday party for her.**
우리는 그녀를 위한 깜짝 파티를 열
것이다.

40 Do you mind~?
두**유**마인ㄷ

(양해를 구할 때) ~해도
괜찮을까요?

Do you mind if I use this?
제가 이것 좀 써도 될까요?

**Do you mind if I open the
door?**
제가 문을 좀 열어도 될까요?

41 **After you.**

앹터ㄹ 유

☐
☐
☐

먼저 가세요, 먼저 하세요.

A: After you.
먼저 가세요.

B: Thank you.
감사합니다.

---

42 **sounds good**

싸운즈 굳

☐
☐
☐

좋다

Studying doesn't sound good.
공부는 별로예요.

That doesn't sound good.
그건 별로인 것 같아요.

---

43 **appreciate**

어프리씨에이ㅌ

☐
☐
☐

⑧ 진가를 알아보다, 인정하다

I appreciate this chance to relax.
난 이 휴식의 기회를 가치 있게 여긴다.

Her family doesn't appreciate her.
그녀의 가족은 그녀의 진가를 알아주지 않는다.

🔍 **appreciation** ⑲ 공감, 감사
appreciative ⑲ 감상을 즐기는, 감사하는

---

44 **I'll have ~.**

아을 햅

☐
☐
☐

~로 할게요.

I'll have a beer later.
저는 나중에 맥주로 할게요.

I'll have a pizza after work.
퇴근 후에 피자 먹을 거예요.

여
행

45
☐
☐
☐

have a problem with

해버 **프라**블럼 윋

~에 문제가 있다, ~이 마음에
들지 않다

**I have a problem with my
phone.**
제 휴대전화에 문제가 있어요.

I have a problem with her.
저는 그녀와 문제가 있어요.

46
☐
☐
☐

coach

코우치

圐 2등석, 이코노미석

She is flying coach.
그녀는 이코노미석 타고 가.

47
☐
☐
☐

turn on

턴 온

~를 켜다

turn on the light
불을 켜다

turn off the AC
에어컨을 끄다

🔍 **turn on** (~을 켜다) ↔
turn off (~을 끄다)

48
☐
☐
☐

turn up

턴 업

~를 높이다, ~를 올리다

**Can you turn up the
volume?**
볼륨을 높여줄 수 있어?

**Can you turn down the
volume?**
볼륨을 낮춰 줄래?

🔍 **turn up** (~을 올리다) ↔
turn down (~을 낮추다)

49 **immigration**

□
이미그래이션
□
□

명 이민, 출입국 심사

immigration office
출입국 관리소
Here is my immigration form.
여기 제 입국 신고서입니다.

🔍 **immigrate** 통 이주하다

50 **customs**

□
커스텀ㅅ
□
□

명 세관

go through customs
세관을 통과하다
Did she go through customs?
그녀는 세관을 통과했나요?

1초 마스터 다음 단어와 그에 알맞은 뜻을 연결해 보세요.

1. boarding •   • a. 금지된

2. flight •   • b. 항공편

3. contact •   • c. 연락, 접촉

4. depart •   • d. 탑승

5. prohibited •   • e. 출발하다

5초 마스터 빈칸에 알맞은 단어를 선택하세요.

immigration limit extra aisle customs

6. Can I get an _____ napkin?

   냅킨 좀 **더** 주세요.

7. Do you prefer an _____ seat?

   통로석 선호하십니까?

8. What is the weight _____?

   무게 **제한**이 얼마죠?

9. Here is my _____ form.

   여기 제 **입국**신고서 있습니다.

10. Did she go through _____?

    그녀는 **세관**을 통과했니?

DAY

12

DAY 12 MP3 파일

DAY 12 강의

01 **duty-free**
듀리 프리

면세의

duty-free shop 면세점
duty-free item 면세품

02 **make sure to**
메익 슈얼 투

꼭[반드시] ~ 하도록 하다

Make sure to fill out the form.
양식서를 반드시 작성하세요.

Make sure to take your phone.
휴대폰 꼭 가져가.

🔍 **make sure** (확실히 하다)
= ensure

03 **first [given] name**
펄스트(기븐) 네임

이름

Your first name is too long.
당신의 이름은 너무 길어요.

04 **last [family] name**
래스트(패밀리) 네임

성

I don't know her family name.
나는 그녀의 성을 모른다.

What's your last name?
당신의 성은 무엇인가요?

여행

05 declare
디클레어ㄹ

☐
☐
☐

⑧ 신고하다, 선언하다

Anything to declare?
신고하실 것 있으세요?

We have nothing to declare.
우리는 신고할 게 아무것도 없습니다.

06 occupation
아큐**페**이션

☐
☐
☐

⑱ 직업

What's your occupation?
당신의 직업은 무엇인가요?

His occupation is a nurse.
그의 직업은 간호사입니다.

🔍 **occupy** ⑧ 차지하다, 거주하다
occupational ⑱ 직업의

07 nationality
내서**낼**러티

☐
☐
☐

⑱ 국적

My nationality is South Korean.
나는 한국 국적이야.

What is his nationality?
그의 국적은 어디입니까?

🔍 **national** ⑱ 국가의

08 purpose
펄퍼ㅈ

☐
☐
☐

⑱ 목적, 의도

What is the purpose of your email?
이메일을 보내신 목적이 무엇인가요?

What is the purpose of your trip?
여행의 목적이 무엇입니까?

09 **bring**

브링

동 가져오다, 데려오다

What brings you here?
너 여기 무슨 일로 왔니?

10 **stay**

스테이

동 머무르다, 계속 있다
명 머무름

I stayed for two weeks.
나는 2주 동안 머물렀다.

I stayed at the hotel.
나는 그 호텔에서 머물렀어.

🔍 stay for ~동안 머물다
stay at ~에서 머물다

11 **plan to**

플랜 투

~할 계획이다

I am planning to work abroad.
저는 해외에서 일할 계획이에요.

She is planning to study Japanese.
그녀는 일본어를 공부할 계획이다.

12 **itinerary**

아이티너래리

명 여행 일정표, 출장 일정

change her itinerary
그녀의 여행 일정표를 변경하다

He would like to update his itinerary.
그는 여행 일정표를 업데이트 하기 원한다.

13 sightseeing
☐
☐
☐
싸잇씨잉

명 관광

go sightseeing
관광을 하러 가다

He went sightseeing.
그는 관광을 했다.

여
행

14 repeat
☐
☐
☐
리핏

동 반복하다, 되풀이하다
명 반복, 되풀이

Can you repeat your question?
질문을 다시 말씀해 주시겠어요?

Can you repeat your address?
주소를 다시 알려 주시겠어요?

🔍 **repeat**(반복하다) =
reiterate, restate

15 write down
☐
☐
☐
롸잍 다운

적다, 기록하다

write down the address
주소를 적다

Can you write down your name?
이름 좀 적어주시겠어요?

16 spell out
☐
☐
☐
스펠 아웃

철자를 말하다

Can you spell out the word?
단어의 철자를 말해 줄 수 있으세요?

Can you spell out your name again?
이름의 철자를 다시 말씀해 주시겠어요?

17 nearest
니어리스트

🔖 가장 가까운

Where is the nearest bank?
가장 가까이 있는 은행은 어디인가요?

Where is the nearest Starbucks?
가장 가까이 있는 스타벅스가 어디인가요?

18 reserve
리절브

🔖 예약하다, 보유하다

reserve a ticket
티켓을 예약하다

We'd like to reserve a room.
우리는 방을 예약하고 싶습니다.

🔍 **reservation** 🔖 예약
reserved 🔖 예약된

19 ticket booth
티켓 부쓰

매표소

Where is the ticket booth?
매표소가 어디 있죠?

The ticket booth is over there.
저쪽에 매표소가 있어요.

🔍 **ticket booth** (매표소) =
ticket counter[office]

20 admission fee
애드미션 피

입장료

Is there an admission fee?
입장료 있나요?

How much is the admission fee?
입장료가 얼마입니까?

**여
행**

21 souvenir
□
□
□
수버**니**어ㄹ

명 기념품

souvenir store[shop]
기념품 상점
I bought some souvenirs.
나 기념품 좀 샀어.

22 get some information
□
□
□
겟 썸 인폴**메**이션

정보를 좀 얻다

Can I get some information about the tour?
투어에 대한 정보 좀 얻을 수 있을까요?

I'd like to get some information about the movie.
영화에 대한 정보를 좀 얻고 싶습니다.

23 sign up
□
□
□
싸인 **업**

신청하다, 등록하다

sign up for the event
이벤트에 신청하다
Did you sign up for the program?
너 그 프로그램 등록했니?

🔍 **sign up** (등록하다) = **enroll, register**

24 business hour
□
□
□
비즈니스 **아**우어ㄹ

영업 시간

What is your business hour?
영업 시간이 어떻게 되나요?

🔍 **business hour** (영업 시간) = **store[office] hour**

25 discount
디스**카운**ㅌ

☐
☐
☐

명 할인
동 할인하다

get a discount 할인을 받다
Do you offer a group discount?
단체 할인 좀 받을 수 있을까요?

🔍 **discountable** 형 할인 가능한

---

26 allowed
얼**라우**ㄷ

☐
☐
☐

형 허용된, 허가된

Are phones allowed?
휴대폰이 허용됩니까?

Are pets allowed?
애완동물을 데리고 가도 되나요?

🔍 **allow** 동 허용하다

---

27 place to ~
플레이쓰 투

☐
☐
☐

~할 만한 장소[곳]

place to study
공부할 만한 장소

place to drink coffee
커피를 마실 만한 장소

---

28 join a tour
조이너 **투어**ㄹ

☐
☐
☐

join-joined-joined

여행에 합류하다

join a guided tour
가이드 투어에 합류하다

I joined a city bus tour.
나는 도시버스 투어에 합류했다.

🔍 **joinable** 형 참가[합류]할 수 있는

DAY 12

29 ATM
에이티엠

현금 자동 입출금기

Can I use this ATM?
이 ATM을 쓸 수 있나요?

Where is the nearest ATM?
가장 가까운 ATM이 어디 있나요?

여행

30 withdraw
위드로

통 출금하다, 인출하다, 철회하다

Did she withdraw money?
그녀는 돈을 인출했나요?

I withdrew fifty dollars.
나 50달러 출금했어.

withdrawal 명 철회, 철수, 회수

31 confirm
컨펌

통 확인하다, 확정하다

confirm a reservation
예약을 확인하다

Can you confirm my seat?
제 좌석 좀 확인해 주시겠어요?

confirmation 명 확인

32 entrance
엔트런쓰

명 입구

entrance exam 입학 시험
Where is the entrance?
입구가 어디예요?

enter 통 들어가다, 입력하다
entry 명 출품, 입장, 가입

33 last
래스트

☐
☐
☐

통 지속되다
형 지난, 마지막의

It lasts for an hour.
한 시간 정도 지속됩니다.

How long does the seminar last?
세미나는 얼마나 오래 하나요?

---

34 break
브뤠잌

☐
☐
☐

통 지폐를 잔돈으로 바꾸다

break a fifty dollar bill
50달러 지폐를 잔돈으로 바꾸다

Can you break a hundred dollar bill?
100달러 지폐를 잔돈으로 바꿀 수 있나요?

---

35 party
팔티

☐
☐
☐

명 단체, 일행, 파티

How many in your party?
몇 분이세요?

Do you have a table for a party of two?
두 명이 앉을 테이블 있나요?

---

36 exhibit
이그**직**빝

☐
☐
☐

통 전시하다
명 전시관

history exhibit
역사 전시관

Let's go to a special exhibit.
특별 전시회 가자.

🔍 **exhibition** 명 전시회

37	**take a picture**	사진을 찍다
□ □ □	테이커 픽춰ㄹ	**I took a picture.** 나는 사진을 찍었다. **Can we take a picture?** 우리 같이 사진 찍을래?

여행

38	**refundable**	ⓐ 환불 가능한
□ □ □	리**펀**더블	**It's not refundable.** 환불이 되지 않습니다. **Is this refundable?** 이거 환불 가능합니까?

🔍 **refund** ⑧ 환불하다 ⑨ 환불

39	**provide**	⑧ 주다, 제공하다
□ □ □	프로**바이**ㄷ	**Do they provide lunch?** 그들은 점심을 제공하나요? **Do you provide free Wi-Fi?** 무료 와이파이가 되나요?

🔍 **provision** ⑨ 공급, 제공

40	**tourist attraction**	관광 명소, 관광지
□ □ □	**투어**리스ㅌ 어트**랙**션	**local tourist attraction** 지역 관광 명소 **Can you recommend me a popular tourist attraction?** 인기 있는 관광지를 추천해 주시겠어요?

41 crowded
크롸우딛

⑱ 사람이 많은, 붐비는

It's not crowded.
붐비지 않습니다.

It will be crowded tomorrow.
내일은 사람이 많을 겁니다.

🔍 **crowdedly** ⑭ 혼잡하게

42 celebrate
쎌러브뤠잍

⑧ 기념하다

celebrate a birthday
생일을 기념하다

Let's celebrate Valentine's Day.
발렌타인데이를 기념하자.

🔍 **celebration** ⑲ 축하, 기념 행사

43 be in the mood (for) ~
비 인 더 무드 폴

~를 하고 싶은 기분이다

I am not in the mood.
나 그럴 기분 아니야.

I am in the mood for Korean.
나 오늘은 한식을 먹고 싶어.

44 walking distance
워킹 디스턴스

걸어서 갈 수 있는 거리

Is it within walking distance?
걸어서 갈 수 있는 거리인가요?

It is within a ten-minute walking distance.
걸어서 10분 거리에 있습니다.

45 down the street

다운 더 스트릿

(사람 중심의 대도시) 거리
근처에

I live down the street.
나 거리 쪽에 살아.

**There is a bakery down
the street.**
거리 근처에 빵집이 있어.

여
행

46 want to

원 투

~하고 싶다

I want to study English.
나 영어 공부를 하고 싶어.

**I want to see Times
Square.**
나 타임스퀘어 보고 싶어.

47 public transportation

퍼블릭 트랜스폴테이션

몡 대중 교통

**I use public
transportation every day.**
나는 매일 대중 교통을 이용해.

🔍 **transportation** (교통,
운송, 운반) **= transport,
transit**

48 station

스테이션

몡 역, 정류장, 장소

**Where is the nearest gas
station?**
가장 가까운 주유소가 어디죠?

**Where is the nearest
subway station?**
가장 가까운 지하철 역이 어디죠?

🔍 **station** (정류장) **= stop**

49 stop
☐
☐
☐
스탑

® 정거장, 정류장, 중단
⑧ 멈추다, 중단하다

What is the next stop?
다음 정거장이 어디죠?

Where is the nearest bus stop?
가장 가까이 있는 버스 정거장이
어디죠?

50 catch
☐
☐
☐
캐취

⑧ 잡다, 받다

catch a taxi[cab]
택시를 잡다

Did you catch a taxi[cab]?
너 택시 잡았어?

DAY 12 | **Daily Quiz** |

다음 단어와 그에 알맞은 뜻을 연결해 보세요.

1. purpose • • a. 가장 가까운

2. nearest • • b. 출금하다

3. souvenir • • c. 목적

4. withdraw • • d. 제공하다

5. provide • • e. 기념품

5초 마스터 빈칸에 알맞은 단어를 선택하세요.

allowed crowded nearest refundable itinerary

6. He would like to update his _____.
   그는 그의 **여행 일정표**를 업데이트하고 싶어해요.

7. Where is the _____ Starbucks?
   가장 가까이 있는 스타벅스가 어디인가요?

8. Are phones _____?
   휴대폰이 **허용**됩니까?

9. It's not _____.
   환불 불가능합니다.

10. It will be _____ tomorrow.
    내일 사람이 **많을** 겁니다.

DAY

13

DAY 13 MP3 파일

DAY 13 강의

01 head to
헬투

~를 향하다, ~로 가다

head to the airport
공항에 가다

Where are you headed to?
어디를 향해 가시나요?

02 cost
코스ㅌ

통 (비용 등이) 들다, ~이다
명 값, 비용

How much does this cost?
이거 얼마예요?

How much does that camera cost?
저 카메라 얼마예요?

🔍 **costly** 형 비용이 많이 드는

03 keep
킵

keep-kept-kept

통 가지고 있다, 유지하다

Please keep the change.
잔돈은 가지세요.

Did you keep your receipt?
영수증 가지고 있었니?

🔍 **keeping** 명 보존, 저장

04 rent
뤤ㅌ

통 빌리다

rent a car 자동차를 빌리다
I'd like to rent a bike.
자전거를 빌리고 싶습니다.

여
행

05 rate
뤠이ㅌ

☐
☐
☐

® 요금, 비율
⑧ 평가하다, 등급을 매기다

monthly rate
월별 요금

The weekly rate is fifty dollars.
주당 요금은 50달러입니다.

---

06 get to
겟 투

☐
☐
☐

도착하다, 도달하다

How do I get to the museum?
박물관에 어떻게 가나요?

I got to the airport.
저는 공항에 도착했어요.

---

07 come with
컴 윋

☐
☐
☐

~가 딸려 오다, ~가 딸려 있다

Does this come with a side dish?
이건 사이드 메뉴와 같이 나오나요?

It comes with a GPS.
이건 GPS가 딸려 나옵니다.

---

08 driver's license
드**롸**이벌ㅅ 라이쎈ㅅ

☐
☐
☐

운전 면허(증)

her driver's license
그녀의 운전 면허증

Can I see your driver's license?
운전 면허증 좀 볼 수 있을까요?

09 include
인클루드

☐
☐
☐

동 포함하다, 포함시키다

include breakfast
조식을 포함하다

Is free Wi-Fi included?
무료 와이파이 포함됐나요?

🔍 **inclusive** 형 포함된,
포괄적인

---

10 insert
인썰-ㅌ

☐
☐
☐

동 넣다, 삽입하다

insert credit card
신용 카드를 넣다

Please insert coins here.
여기에 동전을 넣어 주세요.

---

11 fine
퐈인

☐
☐
☐

명 벌금
형 좋은

How much is the fine?
벌금이 얼마인가요?

He paid the fine.
그는 벌금을 지불했습니다.

---

12 get on
겟 온

☐
☐
☐

타다

**Which station should
I get on?**
어느 역에서 타야 하나요?

**Where can I get on the
boat?**
어디서 배를 탈 수 있나요?

🔍 **get on** (타다) ↔ **get off**
(내리다)

여
행

13 miss
미쓰

☐
☐
☐

❸ 놓치다, 그리워 하다

I missed the bus.
나 버스 놓쳤어.

She missed the subway.
그녀는 지하철을 놓쳤다.

14 transfer
트뤤스펄

☐
☐
☐

❸ 환승하다, 갈아타다
❸ 환승, 이동

Where should I transfer?
제가 어디서 환승해야 하나요?

I transferred at Seoul Station.
저는 서울역에서 환승했어요.

15 behind schedule
브하인ㄷ 스케쥬얼

☐
☐
☐

일정보다 더딘, 일정보다 늦은

We are behind schedule.
우리 일정보다 늦어.

We are an hour behind schedule.
우리 일정보다 한 시간 늦어.

16 right on schedule
롸일 온 스케쥬얼

☐
☐
☐

일정에 딱 맞춘

We are right on schedule.
우리는 일정에 딱 맞추고 있어.

The train is right on schedule.
기차가 예정대로 맞게 왔다.

17 ahead of schedule

☐ ☐ ☐
어**헤**더ㅂ 스케쥬얼

일정보다 빨리

We are an hour ahead of schedule.
우리는 일정보다 한 시간 빠르다.

---

18 available

☐ ☐ ☐
어**베**일러블

⒤ 이용할 수 있는

Are these seats available?
이 자리들은 이용 가능한가요?

Are you available today?
오늘 시간 좀 되세요?

🔍 **availability** ⒤ 유용성

---

19 request

☐ ☐ ☐
리퀘스ㅌ

⒱ 요청하다
⒤ 요청

Can I request an ocean view?
오션 뷰를 요청하고 싶어요.

Can I request a quiet room?
조용한 방을 요청해도 될까요?

---

20 if possible

☐ ☐ ☐
잎 **파**써블

가능하다면

If possible, can I request a twin room?
가능하다면 트윈룸으로 요청하고 싶습니다.

If possible, can I request a city view?
가능하다면 시티 뷰를 요청해도 될까요?

여
행

21 run out of
륀 아우러ㅂ

~이 바닥 난, 다 떨어진

I'm running out of gas.
내 차 휘발유가 다 떨어져 가.

I'm running out of shampoo.
나 샴푸 거의 다 썼어.

🔍 **run out of** (다 떨어진)
= **run short of**

22 work
월-ㅋ

⑧ 작동하다, 일하다

Wi-Fi doesn't work.
와이파이가 작동하지 않는다.

The remote doesn't work.
리모콘이 고장 났다.

23 front desk
프뤈 데스ㅋ

안내 데스크, 프런트 데스크

He is at the front desk.
그는 프런트 데스크에 있다.

Call the front desk.
프런트 데스크에 전화해 봐.

24 ID
아이디

신분증, 신분증명서

Can I see your ID?
신분증 좀 볼 수 있을까요?

I didn't bring my ID.
신분증을 가져오지 않았어요.

25 smoking
□
□
□
스**모**우킹

흡연

smoking area 흡연 구역
Can I request a non-smoking room?
흡연실로 주세요.

26 upgrade
□
□
□
업그뤠이ㄷ

통 수준을 높이다, 개선시키다

We will upgrade the room.
방을 업그레이드 해드릴 겁니다.
I will upgrade my computer.
내 컴퓨터를 업그레이드 할 거야.

27 business center
□
□
□
비즈니스 **쎈**터ㄹ

호텔 안에서 업무를 볼 수 있는 곳

I used the business center.
나는 비즈니스 센터를 이용했어요.
Where is the business center?
비즈니스 센터가 어디에 있죠?

28 complimentary
□
□
□
캄플러**멘**터리

형 무료의, 무상의

Is this complimentary?
이거 무료예요?
Do you offer complimentary breakfast?
무료 조식을 제공하나요?

29 serve
썰-ㅂ

☐
☐
☐

동 제공하다, 시중을 들다

**What time do you serve
breakfast?**
조식은 몇 시에 제공하세요?

**We serve breakfast at
seven.**
저희는 7시에 조식을 제공합니다.

여
행

30 extend
익스텐ㄷ

☐
☐
☐

동 늘리다, 연장하다

extend my stay
체류 기간을 연장하다

**Can you extend the
deadline?**
마감 기한을 연장할 수 있을까요?

🔍 **extend** (연장하다) =
lengthen, prolong

31 Let me ~.
렛 미

☐
☐
☐

제가 ~하겠습니다.

Let me check.
제가 확인하겠습니다.

Let me help her.
제가 그녀를 돕겠어요.

32 deposit
디파짓

☐
☐
☐

명 보증금

How much is the deposit?
보증금은 얼마예요?

Did you pay the deposit?
보증금 냈어요?

33 local
로우컬

☐
☐
☐

⦿ 지역의, 현지의

local food 현지 음식
**Please recommend me
some local restaurants.**
현지 식당 좀 추천해 주세요.

---

34 feel free to
필 프리 투

☐
☐
☐

편하게 ~하세요

Feel free to call me.
편하게 전화하세요.
Feel free to use this.
편하게 이거 쓰세요.

---

35 let me show
렛 미 쇼우

☐
☐
☐

제가 ~로 안내하겠습니다

**Let me show you to your
room.**
제가 당신의 방을 보여드릴게요.
**Let me show you to the
bus stop.**
제가 버스 정류장으로
안내하겠습니다.

---

36 tax
택ㅅ

☐
☐
☐

⦿ 세금
⦿ 세금을 부과하다

pay the tax 세금을 내다
Is the tax included?
세금이 포함되어 있나요?

여
행

37 on sale
온 쎄일

□
□
□

할인 중인

Are those shoes on sale?
저 신발들은 할인 중인가요?

Is this on sale?
이거 할인 중인가요?

---

38 special offer
스페셜 오퍼ㄹ

□
□
□

특가 판매

special offer on laptops
노트북 특가 판매

The special offer ends on Friday.
특가 판매는 금요일에 끝납니다.

---

39 cash
캐쉬

□
□
□

명 돈, 현금

Cash or credit card?
현금인가요, 아니면 신용 카드인가요?

Does he have some cash?
그에게 현금이 좀 있나요?

---

40 credit card
크레딧 카알드

□
□
□

신용 카드

Do you accept credit cards?
신용 카드로도 되나요?

Here is my credit card.
여기 제 신용 카드입니다.

41 store policy
☐ 스토얼 팔러씨
☐
☐

상점 규정

What is your store policy for refunds?
이 상점의 환불 규정은 어떻게 되나요?

What is your store policy for exchanges?
이 상점의 교환 방침은 어떻게 되나요?

42 return
☐ 리턴
☐
☐

⑤ 돌려주다, 반납하다
⑩ 반환

I'd like to return these jeans.
이 청바지를 반품하고 싶습니다.

43 customer service
☐ 커쓰터멀 썰비스
☐
☐

고객 서비스

customer service department
고객 서비스 부서

We asked the customer service.
우리가 고객 서비스 부서에 물어봤어.

44 gift card
☐ 기프ㅌ 카알드
☐
☐

상품권

I would like to buy a gift card.
상품권을 구입하고 싶습니다.

I used a gift card.
저는 상품권을 사용했어요.

45 I'll take this.

아을 **테익** 디스

이것으로 구입하겠습니다.

I'll take this bag.
이 가방 살게요.

I'll take this television.
이 텔레비전을 구입하겠습니다.

46 in particular

인 **팔티**큘러ㄹ

특별히, 특히

Are you looking for anything in particular?
특별히 찾는 것이 있으세요?

Nothing in particular.
특별히 없어요.

47 look around

룩 어**롸운**ㄷ

둘러보다

He is just looking around.
그는 그냥 둘러보고 있는 중이다.

She is just looking around.
그녀는 그냥 둘러보고 있어요.

48 buck

벅

😊 달러

These are only thirty bucks.
이것들은 30달러밖에 안 합니다.

Can I borrow 10 bucks?
10달러만 빌려줄 수 있어요?

49

☐
☐
☐

change one's mind

췌인지 원ㅅ **마인**ㄷ

~의 마음[생각]을 바꾸다

I didn't change my mind.
저는 마음을 바꾸지 않았습니다.

Don't change your mind.
생각 바꾸지 마.

50

☐
☐
☐

help with

헬ㅍ 윋

~을 돕다

Can you help me with my baggage?
여행 짐 드는 것 좀 도와줄 수 있어요?

Can you help me with my presentation?
제 발표 좀 도와줄 수 있어요?

VOCA

MEMO

1초 마스터 다음 단어와 그에 알맞은 뜻을 연결해 보세요.

1. cost • • a. 지역의

2. include • • b. 포함하다

3. request • • c. 요청하다

4. local • • d. 비용이 들다

5. return • • e. 반품하다

5초 마스터 빈칸에 알맞은 단어를 선택하세요.

extend tax cash transferred available

6. Does he have some _____?

그는 **현금**이 좀 있나요?

7. Is the _____ included?

세금이 포함되어 있나요?

8. Can you _____ the deadline?

마감기간을 **연장**할 수 있을까요?

9. Are you _____ today?

오늘 **시간 있으신가요**?

10. I _____ at Seoul Station.

저는 서울역에서 **환승했어요.**

정답 1. d 2. b 3. c 4. a 5. e
6. cash 7. tax 8. extend 9. available 10. transferred

DAY

14

DAY 14 MP3 파일

DAY 14 강의

01 suit
쑽

☐
☐
☐

동 어울리다, 맞추다

It suits you. 너에게 잘 어울려.
Red suits you.
빨간색이 잘 받는다.

02 popular
파퓰러ㄹ

☐
☐
☐

형 인기가 많은, 대중적인

What's popular in this store?
이 가게에서 인기 있는 게 뭐죠?
He is popular.
그는 인기가 많아요.

03 ready to
뤠디 투

☐
☐
☐

~할 준비가 된

Are you ready to go?
너 갈 준비 됐어?
Are you ready to check out?
체크아웃 하실 준비가 되었나요?

04 cheap
췹

☐
☐
☐

형 (가격이) 싼, 저렴한

It is not that cheap.
그거 그다지 싸지 않아요.
Are those cheaper?
그것들은 더 저렴한가요?

여
행

05 affordable
어**폴**더블

⬜
⬜
⬜

⬙ (가격이) 저렴한, 알맞은

affordable monitor
저렴한 모니터

It's affordable.
그건 가격이 저렴해요.

🔍 **afford** ⬙ 여유가 있다
affordably ⬙ 알맞게

06 expensive
익스**펜**씨ㅂ

⬜
⬜
⬜

⬙ (가격이) 비싼

It's too expensive.
이거 너무 비싸요.

**This shirt is too
expensive.**
이 셔츠 너무 비싸요.

🔍 **expense** ⬙ 비용

07 coupon
쿠펀

⬜
⬜
⬜

⬙ 쿠폰

thirty percent off coupon
30퍼센트 할인 쿠폰

You can use that coupon.
그 쿠폰을 쓰실 수 있습니다.

08 be in stock
비 인 스**탁**

⬜
⬜
⬜

재고가 있다

This is not in stock.
이건 재고가 없어요.

Is this book in stock?
이 책 재고 있나요?

09 **measure**

☐ 메절
☐
☐

동 재다, 측정하다
명 조치, 정책

measure the distance
거리를 측정하다

Can you measure my foot?
제 발 치수 좀 잴 수 있나요?

🔍 **measurement** 명 치수, 측정

---

10 **be in line**

☐ 비 인 라인
☐
☐

줄을 서다

They are in line.
그들은 줄을 서 있습니다.

Are you in line?
줄을 서 계신가요?

---

11 **prefer**

☐ 프리펄
☐
☐

동 ~를 더 좋아하다, 선호하다

Do you prefer red or blue?
넌 빨간색이 좋아, 파란색이 좋아?

Do you prefer subway or bus?
넌 지하철이 좋아, 버스가 좋아?

🔍 **preference** 명 선호

---

12 **The total comes to ~.**

☐ 더 토럴 컴스 투
☐
☐

(총액이) ~가 되다.

The total came to fifty dollars[bucks].
총액이 50달러 나왔어요.

13 kind of
카인더ㅍ

☐
☐
☐

종류의, 일종의

What kind of music do you like?
어떤 음악 좋아하세요?

What kind of guys[men] do you like?
어떤 스타일의 남자 좋아하세요?

14 swipe
스와이ㅍ

☐
☐
☐

⑧ (인식기)에 대다, 긁다, 읽히다

swipe the credit card
신용 카드를 긁다

Can you swipe your card here?
여기에 카드를 긁어주시겠어요?

15 warranty
워른티

☐
☐
☐

⑨ 품질 보증서

It is a ten-year warranty.
10년간 품질이 보증됩니다.

Is a warranty included?
여기 품질 보증서가 포함되나요?

16 decide
디싸이ㄷ

☐
☐
☐

⑧ 정하다, 결정하다

Have you decided on a wine?
와인 결정하셨나요?

Have you decided on your hairstyle?
헤어스타일 정했어?

🔍 **decision** ⑨ 결정, 판단

17 ☐ ☐ ☐	**give ~ a minute** 깁 어 **미**닛	~에게 잠시 시간을 주세요 **Can you give us a minute?** 우리한테 시간 좀 줄 수 있어? **Can you give me another minute?** 시간을 좀 더 주시겠어요?
18 ☐ ☐ ☐	**with** 윋	웹 ~을 곁들인, ~와 함께 **with a side dish** 사이드 메뉴를 곁들인 **with vegetables** 야채를 곁들여
19 ☐ ☐ ☐	**without** 위**다웃**	웹 ~를 뺀, ~가 없는 **without mayonnaise** 마요네즈를 뺀 **without onion** 양파가 없는
20 ☐ ☐ ☐	**save room for ~** 쎄이ㅂ **룸** 폴	~을 위한 여유 공간을 남겨두다 **Save room for dessert.** 디저트 먹을 공간 남겨 놔. **Save room for sweets.** 단 것 먹을 공간을 남겨 놔.

🔍 **save** (~를 남기다) =
leave, set aside

여행

21 patio
패티오

형 테라스

Let's sit on the patio.
우리 테라스에 앉자.

We'd like to sit on the patio.
우리는 테라스에 앉고 싶습니다.

22 special
스페셜

명 특선 메뉴, 특별 상품

What's today's special?
오늘의 특선 메뉴는 뭐죠?

Today's special is salmon.
오늘의 특선 메뉴는 연어입니다.

23 tip
팁

명 봉사료, 팁

give[leave] a big tip
팁을 많이 주다[남기다]

Did you leave a tip?
팁 놔두고 왔어요?

24 full
푸을

형 배부른, 꽉 찬

I'm not that full.
나 그다지 배부르지 않아.

I'm not full yet.
나 아직 배부르지 않아.

25 check
☐
☐ 췌ㅋ
☐

ⓝ 계산서

Can I get a check please?
계산서 좀 주세요.

Are they ready for the check?
그들은 계산할 준비가 되었나요?

---

26 get a refill
☐ 게러 **릐**필
☐
☐

리필을 받다

Can I get a refill?
리필 받을 수 있을까요?

Ask for a refill.
리필 요청해.

---

27 together
☐ 투**게**덜
☐
☐

ⓟ 같이, 함께

Let's have lunch together again soon.
조만간 다시 점심이나 같이 해요.

They lived together.
그들은 함께 살았다.

---

28 separate
☐ **쎄**퍼릩
☐
☐

ⓐ 분리된, 별개의
ⓥ 나뉘다, 분리되다

Is this together or separate?
같이 계산하실 건가요, 아니면 따로 하실 건가요?

It's separate.
따로 계산할게요.

🔍 **separately** ⓟ 별개로, 따로

29 dine

☐
☐ 다인
☐ dine-dined-dined

⑧ 식사를 하다, 만찬을 먹다

Let's dine in today.
오늘 집에서 식사하자.

I dined in with my family yesterday.
나는 어제 집에서 가족과 함께 밥을 먹었어.

🔍 **dine in** (집에서 먹다) ↔ **dine out** (외식하다)

여행

30 eat out

☐
☐ 이다웃
☐ eat-ate-eaten

외식하다

I eat out a lot.
나는 외식을 많이 해.

Let's eat out this weekend.
이번 주말에 외식하자.

31 to-go box

☐
☐ 투고우 박스
☐

남은 음식 포장 용기

Can I get a to-go box?
포장해도 될까요?

We'd like to get a to-go box.
우리는 포장해서 가져가고 싶어요.

32 tap water

☐
☐ 탭 워럴
☐

수돗물

Tap or bottled water?
수돗물이요, 아니면 생수를 드릴까요?

She'd like tap water.
그녀는 수돗물로 주세요.

🔍 **tap** (수도꼭지) = faucet

33 **be allergic to**

☐ 비 얼럴직 투
☐
☐

~에 알레르기가 있다

Are you allergic to anything?
무언가에 알레르기가 있나요?

I am allergic to nuts.
견과류 알레르기가 있어요.

34 **on the house**

☐ 온 더 **하우**스
☐
☐

무료로 제공되는

Dessert's on the house.
후식은 무료로 드리겠습니다.

Wine's on the house.
와인은 무료로 제공됩니다.

35 **split**

☐ 스플**릳**
☐ split-split-split
☐

⑧ 나누다, 나뉘다

Let's split the bill.
나눠서 계산하자.

Can you split the burger?
햄버거를 나눠 주실 수 있으세요?

🔍 **bill** ⑨ 계산서, 청구서
split the bill
돈을 나눠서 내다

36 **place an order**

☐ 플레이쓰 언 오더ㄹ
☐
☐

주문하다

Did you place an order?
주문하셨나요?

I would like to place an order.
주문하겠습니다.

37 deliver

들리버ㄹ

⑤ 배달하다, 데리고 가다

Is there a delivery charge?
배송료가 있나요?

There is no delivery charge.
배송료는 없습니다.

🔍 **delivery** ⑲ 배달
deliver (나르다) =
convey, pass on, carry

---

38 taken

테이큰

임자가 있는, 주인이 있는

Is this seat taken?
이 자리 주인 있나요?

He's taken. 그는 임자 있어.

---

39 cancel

캔쓸

⑤ 취소하다

cancel the reservation
예약을 취소하다

cancel the flight
비행편을 취소하다

🔍 **cancellation** ⑲ 취소

---

40 share

쉐어ㄹ

⑤ 나눠 주다, 나누다, 공유하다
⑲ 몫

share an ice cream
아이스크림을 나눠 먹다

Why don't we share a pizza?
피자 나누는 거 어때?

여
행

41 happy hour
해피 **아우**어ㄹ

☐
☐
☐

특별 할인 시간대

Happy hour is from 3 to 6 p.m.
특별 할인 시간대는 오후 3시부터 6시입니다.

Is it still happy hour?
아직 특별 할인 시간대인가요?

42 validate parking
밸리데잍 **팔**킹

☐
☐
☐

주차 승인하다, 주차 도장을 받다

Can you validate my parking?
제게 주차 승인해 줄 수 있으세요?

We don't validate your parking.
저희는 당신의 주차를 승인할 수 없어요.

🔍 **valid** ⑱ 유효한
validate ○ 유효하게 하다
validation ⑲ 유효성

43 see the menu
씨 더 **메뉴**

☐
☐
☐

메뉴를 보다

Can I see the menu?
메뉴판 좀 볼 수 있을까요?

44 flavor
플**레이버**ㄹ

☐
☐
☐

⑲ 맛, 풍미

Which flavor do you like?
어떤 맛 좋아해?

He likes the chocolate flavor.
그는 초코맛을 좋아해요.

45	**check on** 쳌 온	~를 확인하다 **Can you check on the data?** 자료를 확인해주시겠어요? **I checked on my schedule.** 나는 내 일정을 확인했어.

46	**crave** 크뤠이ㅂ	통 ~가 당기다, 먹고 싶다, 열망하다 **What are you craving?** 뭐 먹고 싶니? **I'm craving some sweets.** 단 것 좀 먹고 싶어.

47	**first come,** **first served** 펄스트 컴, 펄스트 썰브ㄷ	선착순, 순서대로 **Is this first come, first served?** 선착순인가요? **It's not first come, first served.** 선착순이 아닙니다.

48	**It's under ~.** 잇츠 **언더**ㄹ	~로 예약되어 있을 거예요. **It should be under Sue.** Sue로 예약되어 있을 거예요. **It's under Sean.** Sean이라는 이름으로 예약했어요.

49

☐
☐
☐

That will be all.

댓 윌 비 올

그게 전부예요.

That will be all for now.
지금은 그게 다예요.

🔍 for now (우선은) =
for the time being,
for the moment

50

☐
☐
☐

perfect

펄펙ㅌ

⑱ 완벽한

It was perfect.
그건 완벽했어요.

It was more than perfect.
완벽함, 그 이상이었어요.

🔍 **perfectly** ⑲ 완벽하게
perfection ○ 완벽

VOCA

MEMO

| Daily Quiz |

1초 마스터 다음 단어와 그에 알맞은 뜻을 연결해 보세요.

1. cheap   •   • a. 저렴한

2. prefer   •   • b. 야외 테라스

3. patio   •   • c. 선호하다

4. split   •   • d. 나누다

5. share   •   • e. 공유하다

5초 마스터 빈칸에 알맞은 단어를 선택하세요.

> dine   flavor   special   taken   swipe

6. He likes the chocolate _____.
   그는 초코**맛**을 좋아해요.

7. Is the seat _____?
   이 자리에 **주인 있나요**?

8. Let's _____ in today.
   오늘 집에서 **먹자**.

9. What's today's _____?
   오늘의 **특선 메뉴**는 뭐죠?

10. Can you _____ your card here?
    여기에 카드를 **긁어주시겠어요**?

정답 1. a 2. c 3. b 4. d 5. e
6. flavor 7. taken 8. dine 9. special 10. swipe

DAY

15

DAY 15 MP3 파일

DAY 15 강의

01 Enjoy your ~.
☐
☐ 인**조**이 유얼~
☐

~를 즐겨라, 마음껏 드세요.

Enjoy your dinner.
저녁 맛있게 드세요.

Enjoy the movie.
영화를 즐겨주세요.

02 cellphone
☐
☐ 쎌폰
☐

명 휴대폰

I lost my cellphone.
나 휴대폰 잃어버렸어.

What's your cell number?
휴대폰 번호 뭐예요?

03 surveillance camera (CCTV)
☐
☐
☐ 썰**베이**런스 캐므러

감시 카메라

There are surveillance cameras.
저기에 감시 카메라가 몇 대 있어요.

This surveillance camera doesn't work.
이 감시 카메라가 작동하지 않습니다.

🔎 **surveil** 통 감시하다, 감독하다
surveillant 명 감시자, 감독자

04 dress shirt
☐
☐ 드레스 셜-ㅌ
☐

명 (양복 안에 입는) 셔츠

Do you have a dress shirt?
너 셔츠 있어?

I like this dress shirt.
난 이 셔츠가 마음에 들어.

05 undershirt

언덜셜-ㅌ

⑲ (셔츠 안에 입는) 내의

I don't have an undershirt.
저는 내의가 없습니다.

I'd like an undershirt.
저는 내의로 할게요.

06 frying pan

프라잉 팬

⑲ 프라이팬

Do you need a frying pan?
너 프라이팬 필요하니?

I have a frying pan.
나 프라이팬 있어.

🔍 frying pan (프라이팬,
스튜용 냄비) = skillet

07 fries

프라이ㅅ

⑲ 프렌치 프라이, 감자 튀김

Let's go get some fries.
우리 프렌치 프라이 먹으러 가자.

I love fries.
나는 프렌치 프라이를 너무 좋아해.

🔍 chips
(영국의) 얄팍한 감자 튀김

08 conditioner

컨디셔너ㄹ

⑲ 컨디셔너(린스)

Do you use conditioner?
너 컨디셔너 쓰니?

**I bought conditioner
yesterday.**
나 어제 컨디셔너 샀어.

🔍 rinse ⑧ 씻어 내다, 헹구다

09 **grand opening**

☐ 그랜드 **오**프닝
☐
☐

그랜드 오픈, 신장개업(식)

grand opening special
신장개업 특가

Come to our grand opening.
개업식에 오세요.

---

10 **studio**

☐ 스**투**디오
☐
☐

명 원룸, 스튜디오, 작업실

Do you live in a studio?
너 원룸에 살아?

He doesn't live in a studio.
그는 원룸에 살지 않아.

---

11 **outlet**

☐ 아**웃**렛
☐
☐

명 콘센트, 배출 수단, 할인점

Is there an outlet?
콘센트 있나요?

This outlet doesn't work.
이 콘센트가 작동하지 않아요.

---

12 **multi-outlet**

☐ **멀**티 아울렛
☐
☐

멀티탭

I have a multi-outlet.
저 멀티탭 있어요.

Do you have a multi-outlet?
멀티탭 있으세요?

🔍 **multi-outlet** (멀티탭)
= **power strip**

13 **stapler**
☐
☐
☐
스테이플러ㄹ

⊗ 스테이플러

Do you have a stapler?
스테이플러 있니?

Can I borrow a stapler?
스테이플러 좀 빌릴 수 있을까?

14 **window
shopping**
☐
☐
☐
윈도우 샤핑

⊗ 윈도쇼핑, 상점에 진열된
것들을 구경하기

**I went window shopping
with my friend.**
나는 친구와 윈도쇼핑 했어.

**Let's go window
shopping.**
우리 윈도쇼핑 가요.

15 **cheating**
☐
☐
☐
치팅

⊗ 부정 행위

**Cheating on the exam is
not good.**
시험에서 부정 행위는 좋지 않아.

🔍 **cheat** ⑧ 속이다, 바람 피우다

16 **throw up**
☐
☐
☐
뜨로우 업

토하다, 게우다

She threw up yesterday.
그녀는 어제 토했어.

**I feel like I'm going to
throw up.**
나 토할 것 같아.

🔍 **throw up** (토하다) = **vomit**

17 gym
짐

명 피트니스 클럽, (학교의) 체육관

She's working out at the gym.
그녀는 피트니스 클럽에서 운동하고 있어요.

I worked out at the gym.
나 체육관에서 운동했어.

---

18 treadmill
트레드미ㄹ

명 트레드밀, 걷기나 달리기용 운동기구

I'm on a treadmill.
나 트레드밀 위에 있어.

He is walking on a treadmill.
그는 트레드밀에서 걷고 있어요.

---

19 desk lamp
데스크 램ㅍ

명 탁상용 스탠드

I need a desk lamp to study.
저는 공부하기 위해 탁상용 스탠드가 필요해요.

I have a desk lamp.
나 탁상용 스탠드 있어.

---

20 social media
쏘우셜 미디어

명 소셜 미디어

He saw it on social media.
그는 그것을 소셜 미디어에서 봤어요.

She posted on social media.
그녀는 SNS에 올렸어.

🔍 **social media marketing**
SNS 마케팅

21 convertible
컨**버**ㄹ터블

☐
☐
☐

형 바꿀 수 있는,
명 컨버터블 (자동차)

I want to buy a convertible.
나 컨버터블 사고 싶어.

He rented a convertible.
그는 컨버터블 자동차를 빌렸어요.

🔍 **convert** 통 바꾸다, 호환하다

상황별

22 wake-up call
웨**익 업** 콜

☐
☐
☐

깨워주는 서비스 (모닝콜),
주의를 촉구하는 계기

Can you give me a wake-up call at 7?
7시에 모닝콜을 해 주실 수 있나요?

That was my wake-up call.
그것이 나에게 정신을 차리게 해주는 계기였어.

23 bottoms up
바**텀스 업**

☐
☐
☐

한 번에 마시기, 원샷

Here's to our success, bottoms up!
우리의 성공을 위하여, 원샷!

Here's to our company, bottoms up!
우리의 회사를 위하여, 원샷!

🔍 **Here's to~** ~을 위하여

24 air conditioner

에어ㄹ 컨디셔너ㄹ

뗑 에어컨

Did you turn off the AC?
너 에어컨 껐어?

Can you turn on the air conditioner(AC)?
에어컨 좀 켜 주실 수 있나요?

---

25 horn

혼

뗑 (자동차의) 경적

beat[honk] the horn
경적을 울리다

Don't honk your horn.
경적 울리지 마.

🔍 **honk** (자동차 경적을) 울리다

---

26 microwave

마이크로웨이ㅂ

뗑 전자레인지

Can I use this microwave?
이 전자레인지 좀 써도 될까요?

Your dinner is in the microwave.
네 저녁(식사)은 전자레인지 안에 있어.

---

27 (gas) stove

(개스) 스토ㅂ

뗑 가스레인지

The gas stove doesn't work.
가스레인지가 고장 났어요.

🔍 **electric stove** 전자레인지
stove (포괄적으로)
가스레인지 또는 전자레인지

28 **paper towel**
□
□ 페이퍼ㄹ 타월
□

몡 (일회용) 종이 타월

Can you give me a paper towel?
종이 타월 좀 주실 수 있나요?

I don't have a paper towel.
나 종이 타월 없어.

29 **aluminum foil**
□
□ 얼루미늄 포일
□

(알루미늄) 호일(지), 박

Let's wrap this with aluminum foil.
이걸 알루미늄 호일로 싸자.

🔍 **tin foil** 은박지

30 **scrambled eggs**
□
□ 스크뤰블ㄷ 엑스
□

스크램블드 에그

A: How do you want your eggs?
달걀을 어떻게 요리할까요?

B: Scrambled eggs, please.
스크램블드 에그로 주세요.

🔍 **sunny side up** (반숙 달걀의) **= over easy / over hard** (완숙 달걀의)

31 **remote control**
□
□ 리모ㅌ 컨트롤
□

몡 리모콘

Where's the remote (control)?
리모콘 어디 있어?

Does he have the remote control?
그가 리모콘 가지고 있니?

32 plastic bag

☐
☐ 플래스틱 백
☐

비닐 봉투, 비닐 봉지

Can you put them in a plastic bag?
그것들을 비닐 봉지에 담아주세요.

Can I get an extra plastic bag?
여분의 비닐 봉투 좀 얻을 수 있을까요?

33 vacation home

☐
☐ 베이케이션 호움
☐

별장

I went to a vacation home in LA.
나는 LA에 있는 별장에 갔어.

She bought a vacation home in Sydney.
그녀는 시드니에 있는 별장을 샀어.

🔍 **pension** 소형 숙박시설(유럽), 은퇴 연금(미)
bed and breakfast (아침 식사를 제공하는) 소형 숙박시설

34 dress

☐
☐ 드레스
☐

🅝 원피스, 의류
🅥 옷을 입다, 옷을 입히다

I don't like this dress.
이 원피스는 별로예요.

He bought a dress for her.
그는 그녀를 위해 옷을 샀어.

35 clearance sale

클리어뤈스 쎄일

점포(재고) 정리 판매

We're having a clearance sale.
저희는 점포 정리 할인 중입니다.

Is this bag on a clearance sale?
이 가방도 재고 판매 품목인가요?

상황별

36 laptop

랩탑

🖲 노트북, 컴퓨터

Do you have a laptop?
노트북 가지고 있니?

I brought a laptop.
나 노트북 가지고 왔어.

🔎 **desktop**
(책상 위에 두고 쓰는) 컴퓨터

37 straight A

스트뤠잇 에이

전 과목 A(의), 최우수(의)

straight A student 우등생
Are you a straight A student?
넌 전 과목 **A**를 받는 학생이니?

38 apartment

어팥트먼ㅌ

🖲 아파트

She lives in an apartment.
그녀는 아파트에 삽니다.

Do they live in an apartment?
그들은 아파트에 살아?

🔎 **flat** (영국의) 아파트
three-bedroom apartment 침실이 세 개 있는 아파트

39 **nail polish remover**

네일 **팔**리쉬 리**무**버ㄹ

매니큐어 리무버(제거제)

Do you have nail polish remover?
매니큐어 리무버 있나요?

I need nail polish remover.
매니큐어 리무버가 필요해요.

🔍 **polish** (예쁘게) 정돈하다
nail polish 매니큐어
nail clipper 손톱깎이

---

40 **part-time job**

팔 타임 **촵**

시간제 근무직

Do you have a part-time job?
시간제 근무를 하시나요?

She got a part-time job.
그녀는 시간제 근무직이에요.

🔍 **full-time job**
전일제 근무직, 정규직

---

41 **introduce**

인트로**듀**스

⑧ 소개하다, 도입하다

Let me introduce myself.
제 소개를 하겠습니다.

Let me introduce you to my wife.
내 아내를 소개할게.

🔍 **introduction** ⑲ 도입, 소개

42 business card
☐
☐ 비즈니스 카알드
☐

🅝 명함

Here is my (business) card.
명함 여기 있습니다.
Can I have your (business) card?
명함을 받을 수 있을까요?

43 age
☐ 에이쥐
☐
☐

🅝 나이

How old are you?
나이가 어떻게 되세요?
Can you tell me your age?
몇 살인지 알려줄 수 있어요?

44 nice to meet you
☐
☐ 나이스 투 미츄
☐

만나서 반갑습니다

It's nice to finally meet you.
마침내 만나게 되어 기쁩니다.
Nice meeting you.
만나서 반가웠습니다.

45 nice to see you
☐
☐ 나이스 투 씨 유
☐

만나서 반가워

Nice to see you again.
다시 만나 반가워.
Nice to see him here.
그를 여기서 만나 반가워.

46 **invite**

인**바**이트

☐
☐
☐

동 초대하다, 초청하다

Did you invite him?
네가 그를 초대했니?

I don't want to invite her.
나는 그녀를 초대하고 싶지 않아.

🔍 **invitation** 초대장, 초대

---

47 **hang out**

행 **아**웃

☐
☐
☐

어울려 다니다, 시간을 보내다

Let's hang out tomorrow.
내일 같이 놀자.

Let's hang out at our house.
우리 집에서 시간 보내자.

---

48 **get hold of**

겟 홀도프

☐
☐
☐

연락하다, 연락이 닿다

I can't get hold of her.
그녀와 연락이 되지 않아.

Did you get hold of her?
그녀와 연락이 됐어?

---

49 **join**

조인

☐
☐
☐

동 ~와 함께 하다, 합류하다

Do you want to join me?
너도 같이 갈래?

Can I join you for coffee?
커피 마시러 같이 가도 돼?

🔍 **joint** 형 공동의

50 close
☐ 클로스(형)
☐ 클로우즈(동)
☐

형 친한, 가까운
동 닫다, 닫히다

Are you close with her?
너 그녀와 친해?

I live close to work.
나는 회사 가까이에 살아.

🔍 **closely** ○ 밀접하게
closed 형 닫힌

| Daily Quiz |

1초 마스터 다음 단어와 그에 알맞은 뜻을 연결해 보세요.

1. fries   •   • a. 옷을 입다

2. studio   •   • b. 원룸

3. horn   •   • c. 경적

4. dress   •   • d. 나이

5. age   •   • e. 감자튀김

5초 마스터 빈칸에 알맞은 단어를 선택하세요.

age   gym   close   undershirt   convertible

6. Are you _____ with her?
   너 그녀와 **친해**?

7. Can you tell me your _____?
   몇 **살**인지 알려줄 수 있어요?

8. I want to buy a _____.
   나는 **오픈카**를 사고 싶어.

9. I worked out at the _____.
   나 **체육관**에서 운동했어.

10. I don't have an _____.
    저는 **내의**가 없습니다.

정답 1. e 2. b 3. c 4. a 5. d
6. close 7. age 8. convertible 9. gym 10. undershirt

DAY

16

DAY 16 MP3 파일

DAY 16 강의

01 see

☐
☐
☐

씨

see-saw-seen

동 보다, 만나다

I'm not seeing anyone.
나 요즘 만나는 사람 없어.

Is she seeing anyone?
요즘 그녀가 만나는 사람 있어?

02 go out

☐
☐
☐

고우 아웃

사귀다

Are they going out?
그들은 사귀니?

We went out last year.
우리는 작년에 사귀었어요.

03 have plans

☐
☐
☐

해브 플랜스

약속이 있다, 선약이 있다

**Do you have plans
tonight?**
오늘 밤에 약속 있나요?

I have plans this weekend.
저는 이번 주말에 약속이 있어요.

04 How's it going?

☐
☐
☐

하우즈 잇 고잉

잘 지내니?, 어떻게 지내니?

How's it going, Andy?
앤디, 잘 지내니?

05 catch up
캣취 **업**

따라잡다, 따라가다

I have a lot to catch up on.
나 할 얘기가 너무 많아.

I'll soon catch up.
곧 따라갈게요.

06 sometime
썸타임

🔵 언젠가

**Let's have lunch
sometime.**
언제 한번 점심 먹자.

Let's hang out sometime.
우리 언제 만나자.

07 grab
그**랩**

🔵 쥐다, 잡다, (바빠서) 급히
~하다

Let's grab dinner.
저녁으로 뭘 좀 먹자.

Let's grab a sandwich.
간단히 샌드위치 먹자.

08 click
클릭

🔵 마음이 통하다, 바로
좋아하게 되다

Did you click?
너네 마음이 통했어?

We didn't click.
우린 잘 통하지 않았어.

09 **look one's age**

□ 륵 원스 에이쥐
□
□

~의 나이로 보이다, 나이에 걸맞게 보이다

You look your age.
딱 그 나이로 보여요.

He doesn't look his age.
그는 그 나이처럼 보이지 않아요.

---

10 **familiar**

□ 퍼**밀**리어ㄹ
□
□

⑱ 익숙한, 친숙한, 낯익은

She looks familiar.
그녀는 익숙하게 느껴져요.

Your voice sounds familiar.
당신의 목소리가 낯익어요.

🔍 **familiarize** ⑧ 익숙하게
하다
unfamiliar ○ 생소한

---

11 **pronounce**

□ 프러**나**운스
□
□

⑧ 발음하다

How do I pronounce this?
이것을 어떻게 발음하나요?

Can you pronounce this?
이것을 발음해주실 수 있으세요?

🔍 **pronunciation** ⑱ 발음

---

12 **Are you on ~?**

□ 알 **유**온
□
□

~(SNS 계정)을
(사용)하시나요?

Are you on Facebook?
페이스북 (사용)하세요?

I'm not on Instagram.
저는 인스타그램을 (사용)하지
않습니다.

---

13 How was ~?
☐
☐ 하우 워즈
☐

~는 어땠어?

How was your trip?
여행 어땠어?

How was the concert?
콘서트 어땠어?

14 Thank God ~.
☐
☐ 땡ㅋ 갇
☐

(주어+동사) ~라 정말
다행이다.

* 기쁨, 안도 등을 나타내는 의미

**TGIF (Thank God It's
Friday.)**
금요일이라 정말 다행이다.

Thank God you're here.
네가 여기 있어 정말 다행이야.

15 look forward
to
☐
☐ 룩 포월드 투
☐

~를 몹시 기다리다, 많이
기대하다

**I'm looking forward to
our date.**
우리 데이트를 정말 기대하고
있어요.

**I look forward to meeting
you.**
만나뵙기를 고대하고 있습니다.

🔍 **I look forward to -ing**
~하기를 기다리다, 기대하다
**I'm looking forward to
-ing** ~하기를 몹시 기다리고
있다, 기대하고 있다

16 New Year's resolution

뉴 이얼즈 레졸루션

새해 다짐, 신년 각오

What's your (New Year's) resolution?
너의 새해 다짐은 뭐야?

My (New Year's) resolution is to lose weight.
나의 새해 각오는 살을 빼는 거야.

17 rough

뤄ㅍ

⑧ 힘든, 어려운, 거친

It's been a rough week.
힘든 한 주였어.

The job market is rough.
취업 시장이 어려워.

18 wide-open

와이ㄷ 오픈

⑧ (일정이) 비어 있는, 훤히 트인

I'm wide-open today.
오늘 나는 여유가 많아.

I'm wide-open after 8.
나는 8시 이후로는 일정이 비어 있어.

19 Here's (luck) to ~

히얼스 투

(술자리에서) ~를 위하여!

Here's to a great year!
멋진 한 해를 위하여!

Here's to our health!
우리의 건강을 위하여!

상황별

20 turn
□
□
□
턴

⑤ (특정 나이, 시기)가 되다

I turned thirty this year.
나는 올해 서른이 됐어.

He's turning ten next year.
그는 내년이면 열 살이 돼.

21 Time flies ~.
□
□
□
타임 플라이스

시간이 빨리 간다, 세월이 빠르게 흐른다.

Time flew by.
시간이 정말 빨리 지나갔어.

Time flies like an arrow.
세월이 화살처럼 흐른다.

22 be done with
□
□
□
비 **던** 윋

~를 끝내다, 마치다

I'm done with my finals.
나 기말고사 끝났어.

I'm done with him.
그와는 끝이야.

23 Is this a good time ~?
□
□
□
이즈 **디**스 어 귿 타임?

지금 ~할 시간 좀 있어요?

A: Is this a good time to talk?
지금 얘기할 시간 좀 있으세요?

B: It's a good time to talk.
얘기할 시간 됩니다.

24 sober

☐
☐ 소우버ㄹ
☐

형 술에 취하지 않은, 맨정신의

I'm sober.
나 술 취하지 않았어.

I'm not sober yet.
나 아직 술 깨지 않았어.

---

25 tipsy

☐
☐ 팁씨
☐

형 술이 약간 취한

Are you tipsy?
너 좀 취했니?

I'm not tipsy at all.
나 전혀 술 취하지 않았어.

---

26 Happy holidays.

☐
☐ 해피 할러데이스
☐

연말연시 즐겁게 보내세요!

Happy holidays to you.
당신에게 연말인사를 보냅니다.

🔍 **season's greetings**
즐거운 연말 되세요.
(연말에 쓰는 인사표현)

---

27 lose track of time

☐
☐ 루즈 트랙 옵 타임
☐

시간 가는 것을 잊다

He lost track of time.
그는 시간 가는 줄도 몰랐다.

Don't lose track of (your) time.
시간 개념을 잃지 마.

28

☐
☐
☐

have fun
핵 **펀**

즐거운 시간을 보내다,
재미있게 놀다

* fun은 '즐거운'이라는 의미로
  쓰이며, funny는 '웃긴'이라는
  뜻이 강함.

I had fun yesterday.
나 어제 즐거운 시간을 보냈어.

Did you have fun?
즐거웠어?

상
황
별

29

☐
☐
☐

at the
beginning of
앳 더 비**기**닝 옵

~의 초반에, 처음에

**at the beginning of the
year**
연초에

**I pay my rent at the
beginning of the month.**
나는 월초에 월세를 내.

30

☐
☐
☐

at the end of
앳 디 **엔**드 옵

~의 끝자락에, ~말에

at the end of the week
주말에

**It's already at the end of
the year.**
벌써 연말이야.

31

☐
☐
☐

calendar
캘린더ㄹ

ⓝ 달력, 일정표

**Let me check my
calendar.**
일정을 확인해 볼게요.

I bought a calendar.
나 달력 샀어.

32 day
데이

☐
☐
☐

몡 하루, 날, 요일

take a day off
근무를 하루 쉬다

I had a busy day.
나는 바쁜 하루를 보냈다.

---

33 date
데잍

☐
☐
☐

몡 (특정한) 날짜
동 날짜를 적다

What's the date today?
오늘 며칠이야?

I set a date.
날짜 정했어.

🔍 **daily** ○ 매일의

---

34 sleep
슬맆
sleep-slept-slept

☐
☐
☐

동 잠을 자다

Did you sleep well?
잘 잤어?

I slept like a baby.
나 (아기처럼) 곤히 잤어.

---

35 sleep in
슬맆 인

☐
☐
☐

늦잠 자다

I slept in yesterday.
나 어제 늦잠 잤어.

Why did you sleep in?
왜 늦잠 잤어?

36 **It's time to ~.**
잇츠 **타**임 투

~할 시간이다.

It's time to study English.
영어를 공부할 시간이야.

Is it time to get up?
일어날 시간이에요?

상황별

37 **take a nap**
테익 어 **냅**

낮잠을 자다

I love taking a nap.
나는 낮잠 자는 걸 굉장히 좋아해.

Did you take a nap?
낮잠 잤니?

🔍 **take a nap** (낮잠 자다) =
have a nap

38 **holiday**
할러데이

명 휴일, 휴가

public holiday 공휴일
What is your favorite holiday?
가장 좋아하는 휴일이 무엇인가요?

🔍 **vacation** (개인적) 휴가, 방학

39 **the other day**
디 **아**덜 데이

저번에, 일전에

I saw him the other day.
나 저번에 그를 봤어.

I read that book the other day.
나 전에 그 책 읽었어.

40 **have time**
핸 **타임**

~할 시간적 여유가 있다

Do you have time?
시간 좀 있니?

I have time after work.
저 일 끝나고 시간 있어요.

41 **sharp**
샬-ㅍ

명 정각
형 날카로운, 예리한

* o'clock은 정각을 언급할 때 주로 쓰이며, sharp은 시나 분을 언급할 때도 쓸 수 있음.

Let's meet at five sharp.
다섯 시 정각에 만나자.

The workshop ends at nine sharp.
워크샵은 아홉 시 정각에 끝납니다.

42 **-ish**
이쉬

~ 성질을 가진, ~스러운, ~한

She is thirtyish.
그녀는 서른 살쯤 된 것 같아.

It's fourish. 4시쯤 되었어.

🔍 **blackish** 거무스름한
prettyish 예쁘장한
yellowish 노르스름한
reddish 불그스름한

43 at the last minute

☐
☐
☐

앳 더 **래**스트 **미**닛

마지막 순간에, 막판에

I changed it at the last minute.
나 막판에 그것을 변경했어.

I canceled it at the last minute.
나 마지막 순간에 취소했어.

---

44 take time

☐
☐
☐

테익 **타**임

시간이 걸리다

Good things take time.
좋은 것은 시간이 걸리기 마련이다.

It takes time to lose weight.
살 빼는 데는 시간이 걸린다.

---

45 be worth

☐
☐
☐

비 **월**-ㄸ

~할 가치가 있다

It's worth the time.
그건 시간을 투자할 가치가 있어.

The movie is worth seeing again.
그 영화는 다시 볼 가치가 있다.

---

46 (just) around [round] the corner

☐
☐
☐

(저스트) 어**롸**운ㄷ [롸운ㄷ] 더 **콜**너-ㄹ

아주 가까운

Spring is just around the corner.
봄이 코앞으로 다가왔다.

Seoul Station is round the corner.
서울역이 근처에 있어.

47 rain
뤠인

동 비가 오다
명 비

It's raining. 비가 내린다.
pour rain (쏟아지는 듯한) 비

---

48 melt
멜트

동 녹다, 녹이다

It's melting today.
오늘 너무 덥다.

This melts in my mouth.
내 입에서 (살살) 녹는다.

---

49 breeze
브릐즈

명 (산들) 바람

There is a gentle breeze.
바람이 솔솔 분다.

An autumn breeze begins to blow.
가을 바람이 불기 시작했다.

---

50 gorgeous
골져스

형 아주 멋진, 아름다운

She's gorgeous.
그녀는 정말 아름답습니다.

1초 마스터 다음 단어와 그에 알맞은 뜻을 연결해 보세요.

1. go out •   • a. 휴일

2. sometime •   • b. 힘든, 어려운

3. rough •   • c. 사귀다

4. sober •   • d. 언젠가

5. holiday •   • e. 맨정신의

5초 마스터 빈칸에 알맞은 단어를 선택하세요.

melts   slept   calendar   tipsy   sharp

6. This _____ in my mouth.
   내 입에서 (살살) **녹는다**.

7. Let's meet at five _____.
   다섯 시 **정각**에 만나자.

8. I _____ like a baby.
   나 곤히 **잤어**.

9. Let me check my _____.
   일정을 확인해 볼게요.

10. I'm not _____ at all.
    나 전혀 **취하지** 않았어.

DAY

17

DAY 17 MP3 파일

DAY 17 강의

01 catch a cold
☐
☐ 캣취 어 콜ㄷ
☐

감기 걸리다

She caught a cold.
그녀는 감기에 걸렸다.

Did you get a flu shot?
독감 주사 맞았니?

🔍 **flu** 독감
flu shot 독감 예방 주사
flu season 독감 유행철

02 stay
☐
☐ 스테이
☐

🔵 (계속 ~인 상태로) 있다,
유지하다

＊ 이 경우 'stay+형용사'의 형태
로 쓰임

stay young 젊음을 유지하다
Stay dry. 비 맞지 않게 조심해.

03 that
☐
☐ 댓
☐

🔵 그렇게, 그 정도로

It's not that easy.
그리 쉽지 않아.

I'm not that tired.
나 그렇게 피곤하지 않아.

04 freezing
☐
☐ 프리징
☐

🔵 얼 정도로 추운, 너무나 추운

It's freezing outside.
밖은 정말 추워.

It's freezing in here.
여기 너무 추워.

상황별

05 **gloomy**
글**루**미

⑱ (날씨가) 어둑어둑한,
(기분이) 우울한

It's gloomy outside.
날씨가 어두워요.

You look gloomy today.
너 오늘 우울해보여.

---

06 **weather
forecast**
웨덜 **포**얼캐스ㅌ

⑲ 일기 예보

**I'll check the weather
forecast.**
일기 예보 확인하겠습니다.

---

07 **take**
테이ㅋ
take-took-taken

⑤ ~를 가지고 가다

Take your umbrella.
우산 가지고 가.

She took my coat.
그녀가 내 코트를 가져 갔어.

---

08 **season**
씨즌

⑲ 계절, 철

Oranges are in season.
오렌지가 제철입니다.

She's out of season.
그녀는 한물 갔어.

🔍 **in season** 제철인, 한창인
out of season 제철이 아닌

09 **grateful**
☐ 그뤠이트풀
☐
☐

⑱ 고마워하는, 감사하는

We're so grateful.
저희가 정말 감사드려요.

I'm so grateful for your help.
도와줘서 너무 고마워요.

---

10 **I want to say ~.**
☐ 아이 **원**투 **쎄**이
☐
☐

~라고 말하고 싶어요.

I want to say sorry.
죄송하다고 말씀드리고 싶어요.

I wanted to say thank you.
감사하다고 말하고 싶었어요.

---

11 **sincerely**
☐ 씬**씨**얼리
☐
☐

⑮ 진심으로

I sincerely apologize.
진심으로 사죄드립니다.

I sincerely appreciate your help.
도와주셔서 진심으로 감사합니다.

---

12 **thank you for ~**
☐ **땡**큐 포ㄹ
☐
☐

~로 인해 감사합니다

Thank you for the advice.
조언해 주셔서 감사합니다.

Thank you for waiting.
기다려 주셔서 감사합니다.

13 I can't ~ enough.

☐
☐ 아이 캔ㅌ 이너프
☐

아무리 ~해도 부족하다,
중요하다.

I can't thank you enough.
정말 감사합니다.

I can't emphasize that enough.
아무리 강조해도 부족합니다.

상황별

14 You shouldn't have.

☐
☐ 유 **슈**든ㅌ 해ㅂ
☐

뭐 이런 걸 다 준비했어.

* 선물 등을 받을 때 쓸 수 있는 표현

A: I got your birthday present.
여기 생일선물이요.

B: You shouldn't have!
뭐 이런 걸 다 준비했어.

15 You made my day.

☐
☐ 유 **메**인 마이 **데**이
☐

덕분에 기분 좋습니다.

A: You look so cute today.
오늘 무척 귀여워.

B: You made my day.
덕분에 기분 좋아.

🔍 **You made my night.**
덕분에 기분이 좋아요. (저녁 때)

16 **It's nothing.**

잇츠 **나**띵

별것 아닙니다.

A: Thank you for your tip.
팁을 주셔서 감사해요.

B: It's nothing.
별것 아닌 걸요.

17 **I insist.**

아이 인**시**스트

꼭 ~해야 해.

Lunch is on me. I insist.
점심은 내가 살게. 내가 강요하는
거야.

Let me help you. I insist.
내가 널 도와줄 게. 거절하지 마.

18 **~ is my treat**

이즈 **마**이 트**릿**

~는 제가 계산하겠습니다

Dinner is my treat.
저녁은 제가 대접하겠습니다.

It's our treat this time.
이번에는 저희가 계산하겠습니다.

19 **the least I can
do**

더 **리**스트 아이 캔 **두**

할 수 있는 최소한의 성의(것)

It's the least I can do.
이게 내가 해줄 수 있는
최소한이야.

20 **I mean it.**

☐
☐ 아이 **민** 잇
☐

진심이야.

He didn't mean it.
그는 진심이 아니었어.
I mean it. 진심이에요.

21 **I'm flattered.**

☐
☐ 아임 플래털ㄷ
☐

과찬이에요.

A: You're the best teacher.
최고의 선생님이세요.
B: I'm so flattered.
과찬입니다.

🔍 **flatter** ⑧ 아첨하다
be flattered 으쓱해지다,
우쭐해지다

22 **compliment**

☐
☐ **캄**플리먼ㅌ
☐

⑲ 칭찬, 찬사
⑧ 칭찬하다

**My boss complimented
me.**
상사가 날 칭찬했어.
**Thank you for your
compliment.**
칭찬 감사합니다.

🔍 **complimentary**
⑲ 칭찬하는, 무료의
compliment (칭찬)
= praise

23 **I made it.**

☐
☐ 아이 **메**이딧
☐

내가 해냈어!

* 인생에서의 작은 성공들을 언급
할 때 사용

We made it! 우리가 해냈어!
She's going to make it.
그녀는 해낼 거야.

24 literally
리터럴리

☐
☐
☐

🔵 문자 그대로, 말 그대로

You're literally great.
넌 말 그대로 멋져.

This is literally perfect.
이건 그야말로 완벽해.

25 No worries.
노 워리스

☐
☐
☐

걱정하지 마.

I'll help you. No worries.
제가 돕겠습니다. 걱정하지 마세요.

It's okay. No worries.
괜찮아. 걱정하지 마.

26 deserve
디절브

☐
☐
☐

🔵 ~를 받을 만하다, ~해야 마땅하다

He deserves it.
그는 누릴 자격이 있다.

I deserve it. 난 그럴 자격 있어.

27 thumbs up
떰스 업

☐
☐
☐

좋다, 잘 됐다

The show was fantastic. Thumbs up!
쇼가 정말 환상적이었어요. 좋아요!

The class is fantastic. Thumbs up!
수업이 정말 좋습니다. 대단해요!

28 Keep it up.
☐
☐ 킾 잇 **업**
☐

계속해, 계속 열심히 해.

A: You're studying every day?
너 매일 공부하는구나?

B: Keep it up.
계속 열심히[그렇게] 해.

29 below one's expectations
☐
☐ 빌**로**우 원즈 익스펙**테**이션
☐

기대보다 낮게

It was below my expectations.
그건 내 기대 이하였어.

The movie was below my expectations.
그 영화는 기대 이하였어.

30 meet one's expectations
☐
☐ **밑** 원즈 익스펙**테**이션
☐

기대에 부응하다

This meets my expectations.
이건 딱 내 기대에 맞아.

The report met my expectations.
그 보고서는 내가 기대했던 만큼이었어.

31 above one's expectations
☐
☐ 어**버**브 원즈 익스펙**테**이션
☐

기대 이상인

The trip was above our expectations.
그 여행은 우리의 기대 이상이었어.

This was above my expectations.
이건 내 기대 이상이었어.

32 beyond one's expectations

비**욘**ㄷ 원즈 익스펙**테**이션

기대(예상)를 뛰어넘은

This was beyond my expectations.
이건 내 예상을 훨씬 뛰어넘었어.

This restaurant was beyond my expectations.
이 식당은 내 기대를 뛰어넘었어.

33 close to

클**로**스 투

~하기 일보직전인, ~에 가까운

You're so close to winning.
넌 이기기 일보직전이야.

You are so close to your goal.
너는 목표에 거의 다 와가.

34 mistake

미스**테**이ㅋ

명 실수, 잘못

He made a mistake.
그는 실수를 했다.

It was a mistake.
그건 실수였어.

simple mistake
단순한 실수

honest mistake
의도하지 않은(모르고 저지른) 실수

35 Apology accepted.

어**팔**러지 억**쎕**티ㄷ

사과를 받아 줄게.

A: **Will you take my apology?**
내 사과 받아 줄 거니?

B: **Apology accepted.**
사과 받아 줄게.

36 find
☐
☐ 파인ㄷ
☐ find-found-found

동 알게 되다

I find this amazing.
나는 이게 놀라운 걸 알게 됐어.

I find her sweet.
난 그녀가 다정하다는 걸 알았어.

상황별

37 upset
☐
☐ 업쎝
☐

형 속상한

I'm really upset.
나는 정말 속상해.

I'm not that upset.
나는 그렇게 속상하지 않아.

38 angry
☐
☐ 앵그리
☐

형 화가 난

I'm not angry at all.
나 전혀 화나지 않았어.

Is she angry? 그녀는 화났니?

39 mad
☐
☐ 매드
☐

형 매우 화난

I was mad at her.
나 그녀에게 매우 화가 났었거든.

I'm not mad.
나 그렇게 화나지 않았어.

40 **disappointing**

☑ 실망스러운

디써**포**인팅

This is disappointing.
(이게) 실망스러워.

The concert was disappointing.
그 콘서트는 실망스러웠어.

---

41 **make up**

메우다, 보상하다

메익 **업**

I'll make it up to you.
네게 보상할 거야.

How can I make it up to you?
어떻게 만회할 수 있을까?

---

42 **I didn't mean to ~.**

일부러 ~한 건 아니었어.

아이 **디**든 **민** 투

I didn't mean to make you cry.
내가 일부러 널 울리려던 건 아니었어.

I didn't mean to be late.
나 일부러 늦은 건 아니었어.

---

43 **be interested in**

~에 흥미(관심)를 갖다

비 **인**터레스티ㄷ 인

What are you interested in?
무엇에 관심 있어요?

I'm interested in shopping.
저는 쇼핑에 관심이 있습니다.

44 sensitive

쎈서티ㅂ

형 예민한, 세심한

He's sensitive. 그는 예민해요.
I'm not sensitive.
나는 예민하지 않아.

🔍 **sensitive** (예민한) ↔
insensitive (둔감한)

상황별

45 mature

머**츄**어ㄹ

형 성숙한, 숙성된

She's not mature.
그녀는 철들지 않았어.
Is he mature?
그는 성숙하니?

🔍 **mature** (성숙한) ↔
immature (미숙한)

46 people person

피플 **펄**슨

사교적인 사람

I'm not a people person.
나는 사교적인 사람이 아니야.

Are you a people person?
너는 사교적인 사람이니?

🔍 ~ **person** ~를 좋아하는
사람, ~를 선호하는 사람
dog person
강아지를 좋아하는 사람
cat person
고양이를 좋아하는 사람

47 attractive
☐ 어트**뤡**티ㅂ
☐
☐

⑱ 매력이 있는

She is not attractive.
그녀는 매력적이지 않습니다.

Is he attractive?
그는 매력적입니까?

48 optimistic
☐ 압티**미**스틱
☐
☐

⑱ 낙천적인

I'm not that optimistic.
저는 그다지 낙관하지 않아요.

Are you optimistic?
당신은 낙천적인가요?

49 picky
☐ **픽**키
☐
☐

⑱ 까다로운

I'm not a picky eater.
난 편식하는 부류 아니야.

Are you picky?
넌 까다롭니?

🔍 **picky eater** 편식하는 사람

50 move on
☐ **뭅**온
☐
☐

넘어가다, 잊어버리다

You should move on.
너 이제 잊고 다시 시작해야 해.

Let's move on to the next topic.
다음 주제로 넘어갑시다.

1초 마스터 다음 단어와 그에 알맞은 뜻을 연결해 보세요.

1. freezing   •   • a. 너무나 추운

2. literally   •   • b. 자격이 있다

3. deserve   •   • c. 말 그대로

4. close to   •   • d. 발견하다

5. find   •   • e. ~에 가까운

5초 마스터 빈칸에 알맞은 단어를 선택하세요.

> mature   picky   move on   sensitive   upset

6. You should _____.
   너 이제 새 출발해야 해.

7. I'm not a _____ eater.
   난 편식하는 사람이 아니야.

8. She's not _____.
   그녀는 철들지 않았어.

9. He's _____.
   그는 예민해요.

10. I'm not that _____.
    나는 그다지 속상하지 않아.

DAY

18

DAY 18 MP3 파일   DAY 18 강의

01 calm
칸

⑱ 차분한, 조용한
⑤ ~를 진정시키다

Calm down.
진정해.

She is not calm yet.
그녀는 아직 진정하지 않았어요.

02 work out
월ㅋ 아웃

잘 진행되다

Did it work out (well)?
잘 해결된 거야?

**Everything worked out
(well).**
모든 게 다 잘 풀렸어.

03 embarrassed
임**배**러스ㄷ

⑱ 당황한, 창피한

She's not embarrassed.
그녀는 당황하지 않았어.

**I was totally
embarrassed.**
나 정말 부끄러웠어.

🔎 **embarrass** ⑤ 당황하게
만들다
embarrassment
○ 곤란함, 당황

04 frustrated
프뤄스트뤠이티ㄷ

⑱ 좌절감을 느끼는,
불만스러운

He was frustrated.
그는 좌절했습니다.

I am not frustrated at all.
나 전혀 불만 없는데.

05 humiliated
휴밀리에이티ㄷ

⬛ (~에 의해) 굴욕감을 느끼는

I'm humiliated.
정말 굴욕적이야.

She is not humiliated.
그녀는 굴욕감을 느끼지 않았어.

06 freak out
프릭 **아**웃

(심하게) 당황하다

He's freaking out.
그는 당황했어.

Don't freak out.
그렇게 당황하지 마.

🔍 **freak** ⬛ 괴짜, 괴물

상황별

07 home
호움

⬛ (가족이 모여 있는) 집, 가정

I'm on my way home.
나는 집에 가는 길이야.

Let's go home.
집으로 가자.

🔍 **house** ('건물'의 의미) 집
hometown 고향
homesick 향수에 잠긴

08 house
하우스

⬛ (물리적 공간의 의미로) 집,
주택

I'm at her house.
나는 그녀의 집에 있어.

I went to their house.
나는 그들의 집에 갔다.

🔍 **home** (마음 속의) 집
housewarming (party)
집들이

09 **fridge**

☐
☐ 프리지
☐

ⓝ 냉장고

Put the sandwich in the fridge.
그 샌드위치를 냉장고에 넣어 놔.

It's in the fridge.
그거 냉장고 안에 있어.

🔍 **refrigerator** 냉장고

---

10 **drawer**

☐
☐ 드로워ㄹ
☐

ⓝ 서랍(장)

organize the drawer
서랍을 정리하다

It's in the first drawer.
첫 번째 서랍에 있어.

---

11 **bathroom**

☐
☐ 배뜨룸
☐

ⓝ 화장실, 욕실

Where is the bathroom?
화장실이 어디 있나요?

I was in the bathroom.
나 화장실에 있었어.

🔍 **bathroom** (화장실)
**= restroom,
powder room**

---

12 **closet**

☐
☐ 클라-짓
☐

ⓝ 옷장, 벽장

The tie is in the closet.
넥타이는 옷장에 있어요.

It was in the closet.
그것은 옷장에 있었어요.

🔍 **hang** (옷 등을) 걸다, 매달다
hanger 옷걸이

13	**sink**	명 싱크대

씽크

☐
☐
☐

Put it in the sink.
싱크대에 둬.

It is not in the sink.
그건 싱크대 안에 없어.

14	**organize**	동 ~를 정리하다, 체계화하다

올거나이즈

☐
☐
☐

I organized my desk.
전 책상 정리했어요.

Did you organize your desk?
책상 좀 정리했니?

🔍 **organization** 명 조직, 단체,
구성
organized 형 조직화된,
정리된

15	**dishwasher**	명 식기세척기

디쉬워셔ㄹ

☐
☐
☐

Where is the dishwasher?
식기세척기는 어디에 있나요?

Can you start the dishwasher?
식기세척기 좀 켜줘.

🔍 **do the dishes** 설거지를
하다

16	**washing machine**	명 세탁기

워싱 머쉰

☐
☐
☐

Where is the washing machine?
세탁기는 어디에 있나요?

17 detergent
디**털**전트

명 세제

Here is the detergent.
여기 세제 있어요.

I need to buy more detergent.
저는 세제를 더 사야 해요.

---

18 kitchen
키친

명 부엌, 주방

I put it in the kitchen.
내가 그건 부엌에 뒀어.

Are you in the kitchen?
너는 주방에 있니?

---

19 garage
개**뤄**지

명 차고

I was in the garage.
나는 차고에 있었어.

I put it in the garage.
나 그걸 차고에 뒀어.

🔍 **garage sale** 창고 세일

---

20 neighborhood
네이벌훋

명 동네, 인근 지역

I live in this neighborhood.
나 이 동네 살아.

Let's hang out in my neighborhood.
우리 근처 지역에서 놀자.

🔍 **neighbor** 이웃(사람)

21 **downstairs**
다운스테얼ㅅ

☺ 아래층에, 아래층으로

I'll wait downstairs.
아래층에서 기다릴게.

Do you live downstairs?
당신은 아래층에 살고 있나요?

22 **upstairs**
업스테얼ㅅ

☺ 위층에, 위층으로

Let's study upstairs.
위층에서 공부하자.

They lived upstairs.
그들은 위층에 살았어요.

23 **bedroom**
베드룸

☺ 침실

Where is the bedroom?
침실이 어디야?

Was he in the bedroom?
그는 침실에 있었어?

🔍 **two-bedroom apartment**
침실이 두 개인 아파트

24 **living room**
리빙 룸

☺ 거실

I'm not in the living room.
저는 거실에 있지 않아요.

My cat is in the living room.
제 고양이는 거실에 있습니다.

25 run an errand

런 언 **에**런ㄷ

볼 일을 보다, 심부름을 하다

I need to run an errand.
나 볼 일을 보러 가야 해.

I'm running an errand.
나는 심부름을 하는 중이야.

🔍 **errand** 심부름, (포괄적인) 일

26 go grocery shopping

고우 그**로**써리 **샤**핑

(식료품 등) ~를 사러 가다

Let's go grocery shopping.
식료품 사러 가자.

I went grocery shopping.
나 식료품 좀 사러 갔어.

🔍 **go shopping** 쇼핑하러 가다

27 comfy

캄피

🔵 편안한

* comfortable(편안한)의 줄임말

It's not comfy.
편하지 않아.

She looks comfy.
그녀는 편안해 보여요.

28 cozy

코우지

🔵 아늑한, 안락한

* 좁은 공간을 긍정적으로 표현할 때 쓰인다.

Your room is cozy.
네 방은 안락해.

This bookstore is cozy.
이 서점은 아늑하다.

29 **do chores**
두 **쵸**얼스

집안일을 하다

I'm doing some chores.
나는 집안일을 좀 하는 중이야.

We need to do some chores.
우린 집안일을 좀 할 필요가 있어.

🔍 **chore**
하기 싫은 일, 잡일, 집안일
do some chores
집안일을 좀 하다

30 **stairs**
스테얼

🔵 계단

Did you take the stairs?
계단으로 왔나요?

I didn't take the stairs.
나 계단을 이용하지 않았어.

🔍 **take the stairs**
계단을 이용하다

31 **elevator**
엘리베이럴

🔵 엘리베이터

Let's take the elevator.
엘리베이터 타자.

Where is another elevator?
다른 엘리베이터는 어디 있어요?

32 **be in shape**

☐
☐ 비 인 셰잎
☐

(몸이) 건강하다, 몸매가 좋다

You're in shape.
몸이 좋아 보여요.

I want to be in shape.
나는 건강해지고 싶어.

🔍 **be in shape** (건강하다) ↔
be out of shape (몸이
건강하지 않다, 몸매가 좋지
않다)

33 **flawless**

☐
☐ 플롸리스
☐

🔵 흠 하나 없는, 나무랄 데
없는

Your report is flawless.
너의 리포트는 흠 잡을 데 없어.

Your hairstyle is flawless.
너의 머리 스타일은 나무랄 데
없어.

🔍 **flaw** 흠, 결함, 결점

34 **look different**

☐
☐ 룩 디프런ㅌ
☐

달라 보이다

* 칭찬을 할 때 주로 쓰임

You look different today.
너 오늘 좀 달라 보인다.

Do I look different today?
나 오늘 좀 달라 보이지 않아?

상
황
별

35 get a haircut

겟 어 **헤얼컷**

☐
☐
☐

머리카락를 자르다

Did you get a haircut?
머리카락 자르셨어요?

I like your hair(cut).
너의 헤어스타일이 마음에 들어.

36 be in one's early ~

☐
☐ **비** 인 원즈 얼리
☐

~는 (나이) 초반이다

I'm in my early thirties.
저는 삼십 대 초반입니다.

Are you in your early twenties?
당신은 이십 대 초반입니까?

37 be in one's mid ~

☐
☐ **비** 인 원즈 미드
☐

~는 (나이) 중반이다

I'm in my mid twenties.
나는 20대 중반이야.

Are you in your mid thirties?
30대 중반이세요?

38 be in one's late ~

☐
☐ **비** 인 원즈 레잍
☐

~는 (나이) 후반이다

I'm in my late twenties.
나는 이십 대 후반이야.

I think she is in her late thirties.
내 생각에 그녀는 삼십 대 후반인 것 같아.

39 **cut down on**

☐
☐ 컬 다운 온
☐

(~의 양을) 줄이다

I need to cut down on coffee.
나 커피 좀 줄여야 해.

You need to cut down on drinking.
너는 술을 좀 줄일 필요가 있어.

---

40 **on one's period**

☐
☐ 온 원즈 피리어ㄷ
☐

생리 중인

Are you on your period?
생리 중이니?

I'm on my period.
나 생리 중이야.

---

41 **watch**

☐
☐ 와취
☐

⑧ (식단 등을) 조심하다

I watch what I eat.
나는 먹는 것을 조심해서 먹어.

I don't watch what I eat.
나는 먹는 것에 있어 주의하지 않아.

---

42 **~ would be nice**

☐
☐ 웉 비 나이스
☐

~라면 좋겠다

Another size would be nice.
다른 사이즈가 좋을 것 같아.

A cheaper price would be nice.
가격이 좀 더 저렴하면 좋겠어.

---

43 wear glasses

웨얼 글래씨즈

안경을 쓰다

Do you wear glasses?
안경 쓰세요?

I don't wear glasses.
저 안경 안 써요.

44 look better in

룩 베럴 인

~이 더 나아 보이다

I look better in person.
나는 실물이 더 나아.

You look better in red.
너는 빨간 색이 잘 어울려.

45 look like

룩 라익

~처럼 보이다, ~를 닮다

Do I look like Beyonce?
나 비욘세처럼 보이니?

You look like a puppy.
너는 강아지를 닮았어.

**46 be not feeling
well**

비 **낫** 필링 웰

~ (몸 상태)가 좋지 않다

I'm not feeling well today.
나 오늘 컨디션이 안 좋아.

My son is not feeling well.
제 아들은 몸 상태가 좋지 않아요.

47 feel better
필 베럴

기분이 나아지다

I hope she feels better.
나는 그녀가 나아지길 바란다.

Do you feel better?
기분 좀 괜찮아졌어?

48 sore
쏘어ㄹ

ⓐ (특정 부위가) 따가운,
쑤시는

My legs are not that sore.
저는 다리가 그렇게 아프지는
않아요.

My eyes are sore.
눈이 따가워요.

🔍 **sick** (몸 전체가) 아픈

49 itchy
잇취

ⓐ 가려운

My neck is itchy.
저 목이 가려워요.

Are your eyes itchy?
눈 가려워?

50 have a headache
해버 어 헤데익

두통이 있다

Do you have a headache?
머리 아프세요?

She had a headache yesterday.
그녀는 어제 두통이 있었다.

🔍 **migraine** 편두통

VOCA

MEMO

| Daily Quiz |

1초 마스터 다음 단어와 그에 알맞은 뜻을 연결해 보세요.

1. calm • • a. 욱신거리는

2. fridge • • b. 차고

3. garage • • c. 차분한

4. comfy • • d. 편안한

5. sore • • e. 냉장고

5초 마스터 빈칸에 알맞은 단어를 선택하세요.

upstairs itchy elevator flawless organize

6. Are your eyes _____?
눈이 **가려워**?

7. Your hairstyle is _____.
너의 머리 스타일은 **흠잡을 데 없어**.

8. Where is another _____?
다른 **엘리베이터**는 어디 있어요?

9. They lived _____.
그들은 **위층**에 살았어요.

10. Did you _____ your desk?
책상 **정리**했니?

정답 1. c 2. e 3. b 4. d 5. a
6. itchy 7. flawless 8. elevator 9. upstairs 10. organize

302 기적의 말하기 영단어 1000

DAY

19

DAY 19 MP3 파일

DAY 19 강의

01 have a stomachache

☐ ☐ ☐ 해버 스**토**먹에익

배가 아프다, 복통이 있다

Do you have a stomachache?
배가 아프세요?

She had a stomachache.
그녀는 배가 아팠어요.

🔍 **ache** 아픔
headache 머리가 아픔, 두통

02 swollen

☐ ☐ ☐ 스**월**른

⬡ 부어오른

My eyes are swollen.
내 눈이 부었어.

His ankle is swollen.
그의 발목이 부었다.

03 take vitamins

☐ ☐ ☐ 테익 **바이**러민스

비타민을 복용하다

Do you take vitamins?
(평소에) 비타민을 복용하시나요?

I took vitamins this morning.
나 오늘 아침에 비타민 먹었어.

04 résumé

☐ ☐ ☐ **레**져메이

⬡ 이력서

Please send me your résumé(CV).
당신의 이력서를 보내주세요.

I sent you my résumé(CV) yesterday.
제가 어제 이력서를 보내 드렸습니다.

05 cover letter

☐
☐
☐

커벌 레터ㄹ

자기소개서

I sent you my cover letter.
당신에게 자기소개서를 보냈어요.

Please email me your cover letter.
나에게 자기소개서를 이메일로 보내주세요.

상
황
별

06 be stuck

☐
☐
☐

비 스턱

(어딘가에 갇혀) 꼼짝 못하다

I am stuck at school.
학교에서 꼼짝 못한다.

I'm stuck in a meeting.
회의 때문에 꼼짝할 수 없어.

07 give 100%

☐
☐
☐

기ㅂ 헌드렏 펄쎈트

최선을 다하다

Did she give 100%?
그녀는 최선을 다했나요?

I gave 100%.
나는 최선을 다했습니다.

08 oriented

☐
☐
☐

오리엔티ㄷ

혱 ~에 중점을 둔, ~를 지향하는

Are you goal-oriented?
당신은 목표 지향적인가요?

He is family-oriented.
그는 가족 중심적입니다.

🔍 **orient** 통 ~를 지향하게 하다
orientation 몡 지향

09 tend to
텐드 투

~하는 경향이 있다

* 부정적인 것을 완화할 때 사용할 수도 있음.

I tend to be lazy.
난 게으른 경향이 있어.

I tend to skip class.
저는 수업을 빠지는 경향이 있어요.

---

10 recap
릭캡

📷 개요를 말하다, 요약하다

Let's recap later.
나중에 요점 정리하자.

Let me recap the meeting.
제가 회의 내용을 요약해 드릴게요.

---

11 attach
어태취

📷 붙이다, 첨부하다

I've attached a presentation.
발표 내용을 첨부했습니다.

I've attached pictures.
사진들을 첨부했습니다.

🔍 attachment ⑲ 애착, 부착, 부가
attached ⑱ 부착된, 첨부된
attachable ⑱ 붙일 수 있는

---

12 stay up late
스테이 업 레잍

늦게까지 깨어 있다

I stayed up late studying English.
나 영어 공부하느라 늦게 잤어.

I stayed up late watching a movie.
나 영화 보느라 늦게 잤어.

13 **stay up all night**

☐
☐ 스테이 업 올 나잍
☐

밤을 새우다

Don't stay up all night.
밤 새지 마.

I stayed up all night studying English.
나 영어 공부하느라 밤 샜어.

14 **call it a day**

☐ 콜릿 어 데이
☐
☐

~를 그만하기로 하다

Let's call it a day.
오늘은 이쯤에서 마무리합시다.

She called it a day.
그녀는 오늘을 마무리했어.

15 **wrap up**

☐ 뤠뻡
☐
☐

마무리하다

Let's wrap up the seminar.
세미나는 여기서 마치도록 하자.

It's time to wrap up.
마무리 지을 시간입니다.

16 **pick up**

☐ 픽 업
☐
☐

다시 돌아가다[다시 시작하다]

Let's pick this up next week.
다음 주에 이어서 하겠습니다.

Can we pick this up tomorrow?
내일 이어서 해도 되나요?

17

☐
☐
☐

The sky is the limit.

더 스카이 이즈 더 리밋

제한이 없다, 한계가 없다.

Lunch is my treat. The sky is the limit.
점심은 내가 살게. 마음껏 먹어.

Dinner is my treat. The sky is the limit.
저녁은 내가 살게. 마음껏 먹어.

18

☐
☐
☐

as soon as possible

애즈 쑨 애즈 파써블

최대한 빨리(ASAP)

Call me as soon as possible(ASAP).
가능한 한 빨리 전화해주세요.

Email me as soon as possible(ASAP).
최대한 빨리 이메일 좀 보내주세요.

19

☐
☐
☐

first thing in the morning

펄스트 띵 인 더 몰닝

일어나자마자, 출근하자마자

I will do it first thing in the morning.
제가 아침에 눈 뜨자마자 해 놓을게요.

I will check my email first thing in the morning.
제가 출근하자마자 이메일 체크해 놓을게요.

20

☐
☐
☐

deadline

데드라인

🅝 마감기한

I almost missed the deadline.
마감일 거의 놓칠 뻔했어.

Can you extend the deadline?
마감 기한을 연장할 수 있을까요?

상황별

21 **be approved**
☐
☐ 비 어프루브ㄷ
☐

~가 승인되다

My visa is approved.
제 비자는 승인되었습니다.

It's not approved yet.
그건 아직 승인되지 않았습니다.

🔍 **approve** ⑧ 승인하다,
　인가하다
　approval ⑲ 인정, 승인
　approved ⑲ 입증된, 승인된

22 **way better**
☐
☐ **웨**이 **베**럴
☐

훨씬 더 나은, 더 좋은

That idea is way better.
그 아이디어는 훨씬 나아.

**Your report was way
better.**
너의 보고서가 훨씬 좋았어.

23 **at the moment**
☐
☐ 앳 더 **모**우먼ㅌ
☐

지금 당장, 바로

I'm busy at the moment.
지금은 바빠요.

**She's not available at the
moment.**
그녀는 당장 시간이 없어요.

24 **busy**
☐
☐ **비**지
☐

⑲ 바쁜

I was busy yesterday.
나 어제 바빴어.

I will be busy tomorrow.
나 내일 바쁠 거야.

25 after work

앨터ㄹ**월**-ㅋ

퇴근 후

I study English after work.
나 퇴근하고 나서 영어 공부해.

I watch a movie after work.
나 일 끝나고 영화 봐.

26 before work

비**포**얼 **월**-ㅋ

출근하기 전에

I eat breakfast before work.
저는 출근 전에 아침을 먹습니다.

I work out before work.
저는 출근 전에 운동해요.

27 attend

어**텐**ㄷ

⑤ 참석하다, ~에 다니다

I need to attend a conference.
나 컨퍼런스에 가야 해.

Did you attend a meeting?
회의에 참석했었니?

🔍 **attendance** ○ 출석, 참석

28 papers

페이펄ㅅ

서류

Please send me the papers.
서류를 제게 보내주세요.

I signed the papers.
저는 서류에 서명을 했습니다.

29 do paperwork

☐
☐
☐

두 페이펄월-ㅋ

서류(문서) 작업을 하다

Are you doing some paperwork?
너는 문서 작업 중이니?

I did some paperwork yesterday.
어제 서류 작업을 했어요.

상황별

30 work in the office

☐
☐
☐

월-ㅋ 인 디 아피스

사무실에서 일하다

They work in the office.
그들은 사무실에서 일합니다.

Do you work in the office?
당신은 사무실에서 일하십니까?

31 make a copy of

☐
☐
☐

메익 어 카피 옵

~를 복사하다, 사본을 만들다

Can you make a copy of this?
이것을 복사해주실 수 있나요?

Can I make a copy of your passport?
여권의 사본을 만들어도 될까요?

32 work on

☐
☐
☐

월-ㅋ 온

~되도록 노력하다, 착수하다

I need to work on my posture.
나는 자세를 개선할 필요가 있어.

I need to work on my people skill.
난 인간 관계를 위해 노력해야 해.

33 figure out
피겨**라**웃

(생각한 후에) 알아내다,
이해하다

I haven't figured it out.
나 아직 그거 모르겠어.

Has she figured it out?
그녀는 아니?

🔍 figure out (알아내다)
= find out, discover,
identify

34 area of expertise
에이리어 오ㅂ 엑스펄**티**즈

전문 분야

**What's your area of
expertise?**
당신의 전문 분야가 뭐죠?

**English is my area of
expertise.**
영어는 제 전문 분야입니다.

35 get a raise
겟 어 **뤠**이즈

월급이 오르다

She got a raise.
그녀의 월급이 올랐다.

I want to get a raise.
월급이 올랐으면 좋겠어.

36 get a paycheck
겟 어 **페**이췍

월급을 받다

Did he get a paycheck?
그는 월급을 받았나요?

**We get our paychecks
today.**
저희는 오늘 월급을 받습니다.

상
황
별

37 □ □ □	**be out of the office** 비 **아우로브** 디 **아피스**	사무실을 비우다, 외근 중이다 **He is out of the office.** 그는 사무실에 없어요. **I will be out of the office tomorrow.** 나 내일 사무실 비울 거야.

38 □ □ □	**be on vacation** 비 온 배케이션	휴가 중이다 **She is on vacation.** 그녀는 휴가 중입니다. **Are you on vacation?** 너 휴가 중이니?

39 □ □ □	**be on the phone** **비** 온 더 **포**운	통화 중이다 **I was on the phone.** 나 통화 중이었어. **Was she on the phone?** 그녀는 통화하고 있었니?

40 □ □ □	**set** 쎗	통 정하다, 결정하다 **Let's set a deadline.** 마감기한을 정하자. **I didn't set an appointment.** 난 약속을 잡지 않았어.

41
☐ ☐ ☐
do an internship
두 언 인턴쉽

인턴으로 근무하다

I did an internship at Siwonschool.
나는 시원스쿨에서 인턴을 했다.

I want to do an internship.
저는 인턴으로 근무하고 싶어요.

42
☐ ☐ ☐
work for
월-ㅋ 폴

~를 위해서(~에서) 일하다

I worked for her.
저는 그녀를 위해 일했어요.

I worked for him.
나는 그를 위해 일했어.

43
☐ ☐ ☐
work with
월-ㅋ 윋

~와 일하다

Do you work with her?
저분과 같이 일해요?

I worked with her.
저는 그녀와 같이 일했어요.

44
☐ ☐ ☐
neat
니-ㅌ

⑲ 정리정돈이 잘된, 멋진

This is neat.
이거 정말 멋지다.

Your desk is neat.
네 책상 깔끔하다.

🔍 **neatly** ○ 깔끔하게
   neatness ⑲ 정돈됨, 단정함

45 thorough
☐
☐
☐
쏘로우

형 철저한, 빈틈없는

Is she thorough?
그녀는 철저합니까?

I read it thoroughly.
나 그것을 빈틈없이 읽었어.

🔍 **thoroughly** 부 철저하게,
완전히
thoroughness 명 완전함,
철저함

상황별

46 start
☐
☐
☐
스탈트

동 시작하다, 시작되다

**What time does the
seminar start?**
세미나는 몇 시에 시작합니까?

**What time does the show
start?**
쇼는 몇 시에 시작하나요?

47 end
☐
☐
☐
엔ㄷ

동 끝나다

**What time does the
seminar end?**
세미나는 몇 시에 끝나나요?

It ends at seven.
일곱 시에 끝납니다.

48 how long
☐
☐
☐
하우 롱

얼마나 (오래)

How long is the line?
줄이 얼마나 되나요?

How long was the movie?
영화 얼마나 길어요?

49 **go easy on**
고우 **이**지 온

~를 살살 다루다, 관대하게
대하다

Go easy on the sauce.
소스 조금만 주세요.

Go easy on me. 나 좀 봐줘.

50 **delectable**
딜**렉**터블

형 (음식이) 아주 맛있는,
맛있어 보이는

This chicken is delectable.
이 치킨은 아주 맛있습니다.

**Was your dinner
delectable?**
저녁은 맛있었나요?

1초 마스터 다음 단어와 그에 알맞은 뜻을 연결해 보세요.

1. swollen •   • a. ~를 지향하는

2. be stuck •   • b. 꼼짝 못하다

3. oriented •   • c. 마감기한

4. deadline •   • d. 바쁜

5. busy •   • e. 부어오른

빈칸에 알맞은 단어를 선택하세요.

| papers | attached | neat | wrap up | set |

6. Your desk is _____.
   니 책상 정말 **깔끔하다**.

7. I didn't _____ an appointment.
   난 약속을 **정하지** 않았어.

8. I signed the _____.
   저는 **서류**에 서명했습니다.

9. It's time to _____.
   마무리 지을 시간입니다.

10. I've _____ pictures.
    사진 여러 장을 **첨부**했습니다.

DAY

20

DAY 20 MP3 파일

DAY 20 강의

01 company
컴퍼니

☐
☐
☐

명 회사, 일행, 동료

Keep me company.
같이 있어 줘.

I will keep you company.
내가 너랑 같이 있어 줄게.

---

02 smell
스메ㄹ

☐
☐
☐

명 냄새, 향
동 냄새가 나다

You smell good.
너 좋은 향기가 나.

This doesn't smell good.
이건 좋은 냄새가 아니네요.

---

03 be on the same page
비 온 더 쎄임 페이쥐

☐
☐
☐

같은 생각이다

Are we on the same page?
우리 같은 마음인 거야?

I'm not on the same page.
나는 똑같이 이해하고 있지 않아.

---

04 place
플레이ㅅ

☐
☐
☐

명 장소, 곳

Come to my place.
우리 집으로 와.

Let's meet at his place.
그의 집에서 만나자.

05 on the side
온 더 싸이드

(측면 등) 따로 받는[제공되는]

Can I have the dressing on the side?
드레싱을 따로 받을 수 있을까요?

06 toasted
토우스티ㄷ

형 (빵이) 구워진, 구운

A: Would you like it toasted?
이거 구워 드릴까요?

B: I would like it toasted.
네, 구워 주세요.

07 refreshments
리프레시먼츠

명 다과, 음식물.

Light refreshments will be served at twelve.
열두 시에 간단한 다과가 제공됩니다.

Let's go get some refreshments.
가서 다과 좀 먹자.

08 specialize in
스페셜라이즈 인

~를 전문으로 하다

We specialize in salad.
저희는 샐러드를 전문으로 합니다.

What do they specialize in?
그들은 어떤 거 전문이야?

🔍 **specialization** 명 특수화
specialistic ○ 전문의, 전문적인

09 cook
쿡

동 요리하다
명 요리하는 사람

I cooked steak.
저는 스테이크를 요리했어요.

I am a good cook.
나 정말로 요리 잘 해.

---

10 well done
웰 던

(고기를) 잘 익힌, 잘 했어

Well done, please.
(고기 굽기를) 웰던으로 해주세요.

Well done! 잘 했어!

---

11 portion
폴션

명 (음식의) 1인분, 몫

Portion control is difficult.
식사량을 조절하는 건 어렵다.

I lost weight by doing portion control.
전 먹는 양을 조절해서 살을 뺐어요.

---

12 hobby
하비

명 취미

My hobby is playing soccer.
내 취미는 축구야.

I don't have a hobby.
저는 취미가 없어요.

13 go + -ing
고우

~하러 가다

Let's go camping.
캠핑 가자.

I want to go fishing.
나 낚시하러 가고 싶어.

---

14 collect
컬렉트

🖲 모으다, 수집하다

I enjoy collecting stamps.
난 우표 모으는 걸 좋아해.

I enjoy collecting postcards.
저는 엽서 수집을 좋아합니다.

🔍 **collection** ⊙ 소장품, 수집
collective 🖲 공동의,
집단의

---

15 write
롸이ㅌ

write-wrote-written

🖲 쓰다, 작성하다

I write a letter.
저는 편지를 써요.

I enjoy writing a letter.
나는 편지 쓰는 걸 좋아해.

---

16 sing
씽

sing-sang-sung

🖲 노래하다

sing in the car
차 안에서 노래 부르다

Are you a good singer?
노래 잘 하니?

17 favorite
□ 페이버릿
□
□

🔟 가장 좋아하는

My favorite movie is Forrest Gump.
내가 가장 좋아하는 영화는
<포레스트 검프>야.

What is her favorite movie?
그녀가 가장 좋아하는 영화는
뭐야?

---

18 How often do you ~?
□ 하우 **오**픈 두 유
□
□

얼마나 자주 ~하세요?

How often do you go shopping?
얼마나 자주 쇼핑하러 가세요?

How often do you study English?
얼마나 자주 영어를 공부하니?

---

19 play
□ 플레이
□
□

(운동 종목 등) ~를 하다

Do you play tennis?
너 테니스 하니?

We want to play tennis.
우리는 테니스를 하고 싶어.

---

20 used to
□ 유스드 투
□
□

~하곤 했다

I used to study English.
나는 영어를 공부하곤 했어.

He used to be healthier.
그는 전에 더 건강했었어.

21 be used to
비 **유**스드 투

~하는 것에 익숙하다

I am used to this lifestyle.
나는 이런 생활 방식에 익숙해.

He is used to me.
그는 나와 친숙해.

22 try to
트**롸**이 투

~하려고 노력하다

I am trying to focus.
나 집중하려고 하잖아.

I am trying to lose weight.
나 살 빼려고 노력 중이야.

23 before you know it
비**포**얼 유 **노**우 잇

모르는 사이에, 순식간에

It will be over before you know it.
금방 끝날 거야.

Your interview will be over before you know it.
면접은 순식간에 끝날 거예요.

24 at least
앳 **리**스ㅌ

최소한, 적어도

At least it was fun.
적어도 재밌기는 했어.

At least you did your best.
최소한 최선은 다했잖아.

○ **at least** (최소한) = **at the least, in the least**

상황별

25 **at all**

☐
☐ 앳 **올**
☐

조금도, 전혀

Did you exercise at all?
너 조금이라도 운동했어?

Did you like it at all?
그거 약간이나마 마음에 들었어?

---

26 **nail**

☐
☐ **네**일
☐

⑧ ~를 해내다, 잘 이뤄내다

You nailed it.
너 한 번에 멋지게 해냈어.

You nailed the presentation.
발표 정말 잘했어.

---

27 **make money**

☐
☐ **메**익 **머**니
☐

돈을 벌다

I made money for school.
나는 학비 내려고 돈을 벌었어.

I need to make a lot of money.
저 돈 많이 벌어야 해요.

---

28 **be in class**

☐
☐ 비 인 **클래**스
☐

수업 중이다

I'm in an English class.
나 영어 수업 듣는 중이야.

Are you in class?
너 수업 중이니?

29 lend
□
□ 렌ㄷ
□ lend-lent-lent

동 빌려주다

I will lend you my car.
내 차 빌려줄게.

Can you lend me 5 dollars?
너 나에게 5달러 빌려줄 수 있어?

상
황
별

30 My ~ hurts.
□
□ 마이 **헐**�츠
□

나 ~가 아파.

My back hurts.
나 등이 아파.

My throat hurts.
나 목구멍 아파.

**31 take some
time off**
□
□ **테**익 썸 **타**임 옾
□

휴식을 갖다

* 학업이나 일 등으로부터의 휴식을 말할 때 주로 쓰임

I am taking some time off.
저는 좀 쉬고 있는 중이에요.

**I want to take some time
off.**
나 좀 쉬고 싶어.

32 on a roll
□
□ 온 어 **로**울
□

승승장구하는, 잘 되어가는

We are on a roll.
우리는 승승장구하고 있어.

He was on a roll.
그는 잘 나갔어.

33 **be on fire**

☐
☐ 비 온 **파**이어ㄹ
☐

불이 붙은 듯하다

I am on fire! 나 불 붙었어!
I was on fire yesterday.
나 어제 불 붙었다니까.

---

34 **mess up**

☐
☐ **메**쓰 업
☐

(일이나 상황을) 망치다,
엉망으로 만들다

**You messed up
everything.**
네가 엉망으로 만든 거야.
I didn't mess it up.
내가 망치지 않았어.

---

35 **go hiking**

☐
☐ **고**우 **하**이킹
☐

도보 여행하다, 가볍게
등산하다

Let's go hiking tomorrow.
내일 등산 가자.
I went hiking yesterday.
나 어제 하이킹 갔었어.

---

36 **don't ~**

☐
☐ **돈**ㅌ
☐

~는 하지도 마

Don't eat. 먹지 마.
Don't drink. 술 마시지 마.

37 **marry**

매리

☐
☐
☐

⑧ ~와 결혼하다

Are you married?
결혼하셨어요?

I am married.
저는 결혼했어요.

---

38 **be obsessed with**

비 옵쎄스ㄷ 윋

☐
☐
☐

~에 집착하다, ~에 빠져 있다

I am obsessed with coffee.
나는 커피에 빠져 있어.

I am obsessed with sweets.
나는 단 걸 굉장히 좋아해.

🔍 **obsess** ⑧ 사로잡다
obsession ⑲ 집착, 강박 상태
obsessive ⑲ 사로잡힌, 강박적인

---

39 **discuss**

디스커스

☐
☐
☐

⑧ 토론하다, 논의하다

Let's discuss it tomorrow.
내일 그걸 논의하자.

Let's discuss it on the phone.
그건 전화상으로 이야기하자.

---

40 **quit**

퀱

☐
☐
☐

⑧ 떠나다, 그만 다니다

She quit her job.
그녀는 일을 그만뒀다.

I want to quit my job.
나 회사 그만 다니고 싶어.

41 hung out with
형 아웃 윋

☐
☐
☐

~와 시간을 보냈다, ~와
어울렸다

She hung out with her boyfriend.
그녀는 남자친구와 놀았어.

I hung out with my family.
저는 가족이랑 시간을 보냈어요.

---

42 get on
겟 온

☐
☐
☐

~에 타다, ~에 올라타다

Let's get on the plane.
비행기 타자.

I got on the wrong bus.
나 버스 잘못 탔어.

🔍 **get in** (몸을 숙여) 타다
get on (그냥) 타다

---

43 improve
임프루브

☐
☐
☐

나아지다, 개선되다

I need to improve my English.
나는 영어 실력 좀 향상시켜야 해.

Please help me improve my English.
저 영어 좀 늘게 도와 주세요.

🔍 **improvement** 명 향상,
개선
improved 형 향상된, 개선된

---

44 be good at
비 굳 앳

☐
☐
☐

(특정 분야 등) ~를 잘 하다

I am good at sports.
나 스포츠를 잘 해.

Are you good at cooking?
요리 잘 하시나요?

상
황
별

45 pass out
패쓰 아웃

☐
☐
☐

의식을 잃다, 기절하다

I am about to pass out.
저 곧 쓰러질 것 같아요.

Did you pass out?
너 뻗은 거야?

🔍 **pass away** 죽다, 사망하다

---

46 You should ~.
유 슈드

☐
☐
☐

너는 ~해야 해.

You should exercise.
너 운동 좀 해야 해.

I should go.
나는 가야 해.

---

47 doable
두어블

☐
☐
☐

® 할 수 있는, 가능한

Studying English is doable.
영어를 공부하는 건 할 만해.

Is it doable?
그거 가능하겠어?

---

48 priceless
프**라**이스리스

☐
☐
☐

® 더없이 소중한, 매우 값진

That information was priceless.
그 정보는 가격을 매길 수 없이 귀중했다.

This is priceless.
이건 너무나 소중해.

🔍 **priceless** (소중한) = **precious, valuable**

49

☐
☐
☐

ballpark figure

볼팔ㅋ **피**규어ㄹ

어림잡은 숫자, 대략적인 수치

Can you give me the ballpark figure?
대략 비용이 어떻게 될까요?

It's about fifty dollars, ballpark figure.
어림잡아 50달러 정도예요.

50

☐
☐
☐

take a rain check

테익 어 **레**인 쳌

다음을 기약하다

* 초대나 제안을 거절하면서 다음 번에는 승락하겠다는 의미

A: Let's have dinner tonight.
오늘 저녁 먹자.

B: Can I take a rain check?
제가 좀 미뤄도 될까요?

| Daily Quiz |

1. company •   • a. 냄새가 나다

2. smell •   • b. 상의하다

3. portion •   • c. 회사

4. marry •   • d. 양, 부분, 몫

5. discuss •   • e. 결혼하다

---

toasted   quit   at all   doable   favorite

6. I want to _____ my job.
   나 직장 **때려치우고** 싶어.

7. Studying English is _____.
   영어 공부하는 것은 **할 만해**.

8. Did you like it _____?
   그거 **조금이라도** 마음에 들었어?

9. What is her _____ movie?
   그녀가 **가장 좋아하는** 영화는 뭐니?

10. I would like it _____.
    구워주세요.

정답 1. c 2. a 3. d 4. e 5. b
6. quit 7. doable 8. at all 9. favorite 10. toasted

Index